被害者のトラウマとその支援

藤森和美 編
序文――小西聖子

誠信書房

序　文

武蔵野女子大学教授
小西聖子

犯罪被害者への心理的支援が実質的に日本で開始されてから、まだ十年にもならない。しかしこの何年かのうちに、社会の犯罪被害者に対する関心は高まり、法改正が行われ、また新しい援助の試みも、さまざまに行なわれている。もちろん当事者にとって十分な変化ではないだろう。けれども、変化が起こっていることは確かである。

支援の機運のひろがりは、以前より多くの需要を生み出すことになった。生み出すという表現は適切ではないかもしれない。いったん事件や事故、災害の被害者の心理的ケアに目を向けはじめると、日本には以前からかなり多くのケアの対象があったことが見えてくるのは当然のことだとも言えよう。長い間、わたしたちはそれを無視して平気だったのである。

今、ＰＴＳＤや被害者援助の臨床の専門家と言われる人たちは、おそらくみなバーンアウトの危険にさらされながら働いていると思う。実際にバーンアウトしたり健康を害す人も少なくない。とにかく良質な支援とそれを支える教育の供給源が足りないのである。たとえば、わたしがかかわっているだけでも、さまざまなレベルでの臨床や危機介入、さまざまな人に対する教育、保健や医療や法律や人権に関わるさまざまな分野の研究など、多種多様な仕事がある。けれども、被害者支援の成熟した外国に行くと、これらはみんなそれぞれ別の専門家がやる仕事になっている。

被害者支援は特別な分野だから、特別な知識が必要であると言われることもあるし、被害者支援も対人援助の一つであり、普通の心理臨床の原則と何も変わるところはないと言われることもある。これはどちらが正しいということではないだろう。

これまでわたしたちがこの問題を平気で無視したということから考えても、並の人間にとっては、やはり教えてもらわなくてはわからないこともあり、知識の援護がなければ正しく評価することもできないことがあるのは確かである。けれども、一方で新しい知識さえあれば被害者支援ができるのかというとそうではなく、おそらく、力のある臨床家は良い臨床活動ができるだろうし、もともとの力がなければ被害者の臨床だけが上手にできるということはあり得ないのである。

二つのことが今、要求されている。一つは被害者支援に関わる多様な専門家の育成であり、もう一つはメンタルヘルスにかかわる多くの人たちに、被害者支援についての正しい見取り図を持ってもらうことである。この両方が、まだ若木の状態にある日本の被害者支援活動が安定した大木に育って行くためには、ぜひとも必要なことだろう。

そういう意味で本書はわたしにとって新しい希望である。この本を書いている研究者のうちの何人かは、わたしがこれまでいっしょに被害者の問題を考えてきた頼りになる仲間である。また何人かは、被害者支援の現場に関わりながら育ってきた第二世代の研究者である。多様な視点から支援について考える専門家が育っているのは心強い。難しい問題の難しさを人にわかりやすく伝えることはとても難しいことである。それに挑戦した本書から、被害者支援の問題の複雑さと研究者の熱意とを、読者に正しく読みとってもらえればうれしい。

目次

第2章　被害者感情の理解と対応 ―― 21

第3章 わが国の犯罪被害者保護に関する法的支援の現状——66

第5章　被害と加害の連鎖を断ち切るために
——治療共同体「アミティ」の試みから——　119

第6章　ドメスティック・バイオレンスの被害者の心理とその支援――149

第7章　女性犯罪者の被害と加害——殺人者を中心に——　181

1 被害からの回復過程
――ある被害者の経験から

第一節　ある被害経験

1　はじめに

強いショックや悲しみを経験した人間はそれをどのように乗り越えていくのか。その過程についてはこれまでさまざまに論じられてきているが、もっとも良く知られているのがキューブラー・ロス(1)の臨死患者の悲嘆の過程であろう。彼女によれば、死を免れないと知った患者はいくつかの心理的段階を経験するという。すなわち、衝撃と不信、否認、怒り・取引き、抑うつ、受容というプロセスである。臨死患者だけではなく、慢性疾患や障害の告知を受けた人、災害で住居・家族など大切なものを失った人など、人間にとって危機的状況と言えるさまざまな場面で、その後の生活に適応していく過程が彼らを取り巻く人びとによって見出され、論じられてきている。

それでは、犯罪被害によってトラウマを被る経験をした人はどうであろうか。

言うまでもなく犯罪の被害経験は、その人の生活、ひいては被害後の人生そのものに大きなダメージを与える。思いもかけず事件の当事者として恐怖を味わい、心身ともに大きな衝撃を受け、日常生活やそれまで築き上げてきた関係が断ち切られてしまうことも稀ではない。主に欧米では、被害者の精神的ダメージに関する多くの研究がなされてきている。その一方で、犯罪被害というトラウマを伴う経験を人がどのように受け止めて被害後の人生を生き続けていくのか、その回復過程で実際に何が起こっているのか、われわれは多くを知らない。

筆者は、犯罪被害を受けた一人の女性の回復の歩みに数年にわたって関わってきた。その人を、仮にＡ子さんとしよう。筆者がＡ子さんと出会ったのは、事件後一年ほどたった頃である。Ａ子さんは事件によって心身ともに甚大な被害を受け、医療・法律・社会福祉など、さまざまな分野における援助を必要としていた。筆者は主に社会福祉的な情報提供を中心とする面接を定期的に続け、いろいろな話を聞かせてもらってきた。またＡ子さんは、筆者の所属する研究所で、臨床心理の専門家によるカウンセリングも受けている。何回目かの面接時に行なわれた査定において、ＰＴＳＤ（外傷後ストレス障害）の診断基準[2]を満たしており、筆者の提供するソーシャルワーク的な援助とともに、トラウマそのものに対するセラピーが現在も続けられている。

ここではＡ子さんが筆者に語ってくれた内容を書くことによって、被害後のひとつの回復過程を見ることにしたい。これを書くにあたっては、Ａ子さんに体験や感情を活字にすることのリスクを説明し、またできあがった原稿に目を通してもらって承認を得てから発表することを約束し、同意を得た。したがって、これはA子さんと筆者との共同作業によってできあがったものである。もちろん、A子さんのプライバシーを守るため、個人や事件が特定されないように細部を変更し、いくつかの事例を組み合わせた部分もある。しかし被害やその後の経験の深刻さを理解してもらうために、基本的にはA子さんの話をできるだけ忠実にのせることにした。

2　A子さんの事件

A子さんは二十五歳のとき、ある事件の被害者になった。

ある秋の夜、恋人とドライブに出かけた。街中を抜けて海へ向かう途中、暴走族の一群が後ろを付いてきていることに気がついた。相手は十台ほどもいただろうか。逃げようとしてスピードを上げるとその一群に追いつかれ、とうとう囲まれてしまった。A子さんの恋人がやむをえず車を止めたところ、ロックされていなかった後部座席のドアから若い男が乗り込んできた。恋人は運転席から引きずりおろされ、暴力を受けはじめた。代わりにB男とC男が乗り込んできて、B男が運転席に座り、C男は後部座席に座った。A子さんは逃げ出して恋人のところへ行こうとしたが、C男に体を押さえられ、そのすきにB男が車を発進させた。A子さんはそのまま車で連れ去られ、車内でB男とC男がA子さんをどこにつれこんでレイプしようか、レイプした後は生かしておくのか、など相談するのを聞かされていた。その間C男は、後部座席からA子さんに刃物を突き付け、時どきA子さんに「騒いでも逃げられない、おとなしくしないと顔を切り刻む」などとことばで脅していた。そのような状態でどれくらい走ったであろうか。夜もふけ、次第に民家がまばらになり、対向車も少なくなってきてしまった。あまりの恐ろしさにA子さんは声も上げられずにいたが、いよいよ自分の命が危ないと感じ、助かるには猛スピードで走っている車のなかからドアを開けて脱出するしかないと考えた。転がり落ちたら大けがをするだろうとは思ったが、二人にこのまま恐ろしい目にあわされて殺されるよりはましだと思った。とにかく、対向車のドライバーが気づいてくれれば何とかなると思い、いちかばちかでやってみるしかなかった。対向車のライトが前方に見え、C男にわずかにすきが見られたと思われたとき、ドアを開け、車外に飛び降りた。転がり落ちる瞬間、二人が何か叫んだのを聞いたような気がしたが、そこでA子さんの記憶は途切れている。

3　被害直後の状況

次に気がついたとき、A子さんは病院のベッドの上だった。自分の周りで誰かが何かを言っているが、何を言っているのかよく分からない。身体の痛みは感じなかった、というより自分の身体かどうかすら分からないような感覚だった。目は見えなかったし、誰かを呼ぼうと思っても声が出なかった。手も足も全く動かなかった。それでも周りの状況を感じて病院にいることが分かったとき、「自分は助かったのだ」と心からほっとした。医師らしき人の声が「残念ながら助かる見込みはほとんどない」と言っているのがどこか遠くで聞こえた。自分は死にかけているのだ。「死にたくない、助けて！」叫ぼうとしたが声は出なかった。そしてまた意識を失った。どれくらい時間が経ってからか、ようやくA子さんは危険な状態を脱した。気管に挿入されていた管が抜かれ、やっと話ができるようになった。しかし身体は相変わらず全く動かないままで、顔面が厚い包帯に包まれて目も良く見えないことに気がついた。

この事件によってA子さんが受けたのは身体的な傷だけではない。それはA子さんの心にも甚大な被害を与えた。車のなかで生命の危険を感じていた長い時間、A子さんの恐怖はどのようなものだったであろうか。助かるために猛スピードで走っている車から飛び降りるというぎりぎりの選択をしなければならなかったのである。病院で治療をうけ、もう安全だと分かっていても、そのときの恐怖がありありとよみがえり、A子さんを苦しめた。記憶がよみがえるというよりも、その「時」にまた投げ込まれる感じで、そのときB男とC男がつけていたオーデコロンのにおい、きしむタイヤの音、排気ガスのにおいなどを本当にもう一度感じる「フラッシュバック」がやってくるのだ。それは突然やってきて、A子さんに再びなまなましい恐怖を味あわせた。

また、悪夢もよく見た。車から脱出しようとした瞬間、何かに引っかかって出ることができない、それを二人に気づかれて、まさに刃物でさされようとする瞬間、目が覚める。決まってそういう夢であった。B男とC男は逮捕されたと聞かされたし、自分がいるのは安全な病院であると頭では分かっていても、B男やC男、またその仲間が自分を探し出して病室まで来るのではないか、ベッドの上で動けないまま刺し殺されるのではないか、そういう恐怖で眠ることができなくなった。夜中に悪夢を見て叫び声をあげたり、病棟を見回る看護スタッフの足音におびえて泣き出したりした。幸いなことに医師や看護スタッフはA子さんのこのような恐怖感や被害直後の心理状態を理解してくれており、ひんぱんに病室を訪れて声をかけてくれたりして、A子さんが一人で孤独や恐怖と戦わなくてもよいような配慮をしてくれた。

そのようななまなましい恐怖を経験する一方で、A子さんはこれは自分の身に起こっていることではない、という感じも持っていた。もちろん身体の傷の痛みは感じるのだが、恐怖と戦う自分を別の自分がどこかで見ているような、そんな感覚があった。それはまるでテレビのドキュメンタリーか何かに出演している感じで、いつかこの苦しい撮影が終わり、「お疲れさま」などと言われて、また元の世界に戻るのだと考えていたという。

4　身体障害の告知――「良い患者」である理由《わけ》

しばらくたって状況が落ち着いてきた頃、主治医からけがの状態を知らされた。A子さんは車から転落したときの衝撃によって両手両足を骨折し、特に片足の骨折がひどいため元どおり歩行ができるようになるか分からないこと。また顔面もひどい傷を負っていて片目の視力が失われたことが説明された。その事実を聞かされたとき、A子さんは悲しいとか悔しいなどの感情を感じておらず、ただ呆然と「ああそうですか」という感じであったという。しばらくはぼんやりしてしまったが、身体的な機能を少しでも回復させるためにリハビリが始まったため、それに参加しなければならなくなった。

思うように動かなくなってしまった自分のからだに対して、やりきれない気持ちがわいてきた。周囲の人が皆、うらやましく思えた。「頑張ってね」などと言われると反発したし、人間の価値は外見じゃない、などという人がいるとその人がきれいにお化粧をしている顔を恨めしい気持ちで見つめてしまったという。

しかしA子さんはある時点から、自分の感情を周囲に見せることを一切やめることにした。なぜ自分がこのような思いをしなければならないのか、その気持ちを表現すれば、けがをした原因、あの事件のことを思い出さなければならなかったからである。思い出すのが恐ろしかっただけではない。大けがをして障害が残ったという事実だけでも受け止めきれないのに、その原因があのようなおそろしい事件であるということを認識するのは、A子さんにとってあまりにも過酷なことだった。実際、知人から、「あなたにも何らかの落ち度があったはず」「そもそも夜ドライブに行ったりしたことが原因」などと責めるようなことを言われることもあった。しかし、そのことについて考える余裕は全くなかった。ただ、この自分が完全に圧倒されてしまうような状況のなかで援助を得るためには、良い患者にならなければならないと考えた。

医療スタッフにとって「模範的な患者」となり、同じ病棟に入院中のほかの患者の世話をし、ほかの患者の見舞い客のお茶出しまでした。自分は患者であっても「人の世話や手伝いをする役割の患者」でなければならないと思った。そのときのことをA子さんは後に、「ここで良い患者にならなければ、自分は見捨てられ、また孤独で恐ろしい世界に戻らなければならなくなる。良い患者でいれば、周りが助けてくれる。だから、つらいとか、悲しいとかは一切口にしないことに決めた」と語ってくれた。健気に「良い患者」として頑張れば、この状況の恐ろしさを改善してくれるような何か良いことが起きるのではないか。理屈ではなく、そんな期待も多少あった。A子さんが強いショックを受けた後の自分をいたわるのではなく、さらに頑張ることを自分に課して「良い患者であろう」としたのは、そのときはぎりぎりの選択であった。

このように一見きちんと告知を受け止め、適応が良いように見えるA子さんも、その心のなかで何が起こっているのか周囲には分からなかったであろう。ここでA子さんは事件そのものにはきっちりとふたをして、家族をはじめ友人、知人にもその後一切、事件に関することを語るのをやめてしまったのである。

5 人間関係からの孤立

事件でけがを負った被害者は、犯人が逮捕されるなど、事件が一応ひとくぎりついた後も治療を続けなければならない。また、A子さんのようにけがによって重い障害が残ってしまった場合には、身体的機能の回復のために長いあいだ、治療やリハビリを受け続けなければならない。治療やリハビリで不便な思いをするだけではない。犯罪被害者が周囲から好奇の目で見られたり、心ない言葉や態度で傷つけられるのは残念ながら少なくない。

A子さんも、長い入院生活と治療を終えてやっと家に戻ることができたが、外出先では「あの事件の人」と注目されたり、変わってしまった容貌のためにぶしつけな視線をあびたりして、いたたまれない思いを何度もしたという。さらに、地元で起きた事件だっただけに、本人が知らないうちにさまざまな噂話や憶測が広がっていた。たとえば「A子さんはまじめに働いているように見えたけれど、結構遊んでいて、暴走族とも顔なじみだったのではないか」「恋人と別れたいための狂言だったのに間違ってけがをしてしまったらしい」などという、まことしやかなストーリーができあがっていた。家族まで非難の対象となり「夜、恋人とのドライブに娘を出すからああいうことになった」「(A子さんの)母親も派手好きに見えるので、娘もさぞ遊んでいたのだろう」などと言われた。さらに、「前世の報いだ」「先祖にたたられた」などと言う人までいた。

そのようなことを言う人びとにとって、A子さんのけがや後遺障害は、A子さんの「自業自得」であった。これらは「悪いことが起きるのは悪いことをしているから」という因果応報説とでもいうものであろう。A子さんはそれらのことばを直接、または間接的に耳にして深く傷つき、自分のつらさはだれにも分かってもらえない、誰も味方になってはくれないと感じたという。それらのことばが本人を深く傷つけただけでなく、家族をさらに悲しませ、A子さんに不合理な自責感を抱かせることになってしまった。

また、身近な人のなかには、決して傷つけるつもりはないのだが、A子さんのような被害を受けた人とどうつきあって行けばいいのか、何と言葉をかければいいのか分からなくて、結局、疎遠になってしまう人もいた。

事件の恐ろしさ、加害者に対する恨み、身体障害を負ったことについての痛恨の思いなど、普通に生活している一般の人にとっては重すぎる話題であることに違いない。「加害者を殺したい」「もう死んでしまいたい」「元気にしている人なんて皆死ねばいい」など、心のなかで処理しきれない感情が激しいことばとなって出てしまうと、その後、それを聞いた人からは全く連絡が来なくなってしまった。「自分の気持ちを話してはいけない」ということを、ここでもA子さんは学習したのである。

A子さんを温かく見守り続けてくれている家族にも、自分のつらく苦しい気持ちを語ることはしないことにした。自分を大切にしてくれる人たちだからこそ、自分の感情を表現することによって傷つけることはできないと思った。その頃のA子さんは、自分の周りにたくさんの人がいても、まるでのっぺらぼうのように顔のない人形に取り囲まれているような、一人ぼっちの感じがしていたという。

6 職業生活の中断

A子さんは事件当時会社勤めをしていたが、長期間の入院やリハビリ、片方の眼を失明したことなどにより復職のめどが立たず、結局退職せざるをえなかった。A子さんはその仕事が好きでやりがいを感じており、職場では中堅として活躍していた。事件当時二十五歳だったA子さんは、将来の自分と職業との関わりを考えてあれこれ迷っていた。今後同じ仕事を同じ場所で続けるのか、ほかの職場でも通用するような専門知識を身につけるのか、派遣やパートタイマーなどの働き方をするのか、いくつかの選択肢を持っていた。ただ、近いうちに働きながら専門学校に通い、その業界についてより専門的な知識を身につけようと考えていた。そしてキャリアアップしていきたいという自分なりのキャリアプランを持っていたのだが、事件によってそれが全く寸断されてしまった。日常生活をほとんど支障なく送れるまでに回復したA子さんは、職業社会に復帰したいと望むようになっていった。身体的な障害はあっても、何かできる仕事が必ずあるはずだと考えたが、どうやって仕事を探せばいいのかすら分からなかった。

筆者は、身体障害者の就労を支援する公的機関や、民間が主催する身体障害者のための就職セミナーなどが行なわれていること、また法律(3)によって障害者雇用率制度が設けられていることにより、「身体障害者雇用枠」を設けている企業も多いことなどの情報を提供した。しかし「障害者」として応募する気持ちになるには時間がかかるようであった。それでもいくつかの企業に資料請求をしたり、面接を受けたりしていたが、その多くが「雇用人数」の枠を設けるだけではなく、実質上は「身体障害者用の業務」の枠を設けていることが分かってきた。「身体障害者枠」で採用された人には、その障害の内容や程度、それまでの経歴、適性などは考慮されず、一律に軽作業や単純作業、補助的業務に付かせるのである。またその場合、給与も「健常者」より低く設定してあることが多かった。

A子さんはそのような厳しい現実を知ると、ますます通常の労働市場から自分がはずれてしまったのだということを思い知らされ、「障害者」としての自己を受容するのがいっそう難しいと感じられた。それでも悔しくて何度も涙をこぼしながら就職活動を続けた。面接でけがの原因をたずねられても、決して犯罪被害とは言わなかった。それまでの経験で、犯罪被害者が社会でどのような扱いを受けるか身にしみていたので、もし本当のことが知れたら、自分を雇ってくれる会社はないと思ったし、どのような形にせよ、社会復帰は不可能になると信じるようになっていたのである。

第二節　被害からの回復とは

1　回復過程の複雑さ

これまで見てきたのは、被害直後からある一定期間のA子さんの経験である。A子さんの経験を見直してみると、実にさまざまな局面でA子さんが困難に出遭い、その衝撃に耐えてひとつひとつ課題を克服してきた歩みが見て取れる。

はじめに述べたキューブラー・ロスによる悲嘆の心理過程と照らし合わせてみると、どのような心理過程が見られるだろうか。事件直後は、「これは自分の身に起こったことではない」という否認があった。しばらくして落ち着いたと思われた頃、身体障害の告知があり、そのショックによって再び否認の気持ちが戻ってきた。そして現実と折り合いをつけるためには「良い患者の役割」を果たさなければならないと考えた。本来ならばトラウマを伴う経験をした後、身体的にも精神的にもケアされ、サポートされて回復していく側のA子さんが、逆に他人をケアしサポートする側に回っていたのである。

このような適応の仕方は、状況は異なってもトラウマティックな経験をした人にしばしば見られるようである。大人だけではない。エリアナ・ギルは、虐待を受けた子どもに「信頼する能力の障害、あいまいな役割境界および役割の混乱、発達課題の達成や自己マステリー（self-mastery）およびコントロールの失敗を伴う偽成熟性」などが見られると述べている。[4] それはA子さんにとってある意味で「取引き」であったのだろうか。外から見れば、A子さんは健気で強い精神力の持ち主だと言えるだろうが、その根底にあるトラウマの根の深さに周囲も、またA子さん自身も気づいていなかったのかもしれない。

さらに、A子さんがつらい気持ちを表現しても理解してくれないどころか、自分から離れていってしまう友人たちに対して、自分のネガティブな感情を表現しないという決断を下して順応しようとしたが、その感情的な引きこもりの底には、強い怒りが流れていたと言えないだろうか。さらに再就職しようとしたときの厳しい現実は、A子さんにあらたな衝撃を与えた。社会の冷たさと人びとのあからさまな悪意に、不信感を募らせることも一度や二度ではなかったはずである。A子さんと話し合いをするうちに、それまで語られなかったそれらの感情が少しずつ語られはじめた。しかしその一方で、A子さんから抑うつの感情が語られることはあまりなかったように思われる。それをA子さんに問いかけてみると、「落ち込んだり、つらくて泣いたりするのは、ある程度元気がないとできない。落ち込むなんて高級なことはなかなかできないですよ」と言われてしまった。ロスによる心理的段階でも、抑うつは受容の前段階と位置づけられている。落ち込むことができるだけのエネルギーもない状況で、最初の衝撃から必死で生き抜いているということであろうか。

ラファエル(5)は、災害体験によって、人には住居や近隣、地域社会、職場、仕事など多くの喪失がもたらされ、それらの喪失は複雑に絡み合っていることを述べた。言うまでもなく、犯罪被害においてもそれは同様である。被害者の体験は文字どおり千差万別であるが、共通しているのは、たとえ事件そのものが一応の決着を見たとしても、被害者はその影響を受けて苦しみ続けているということであろう。一見、事件そのものとは関係がないように見えることでも、思ってもみない影響があとからあとからやってくると言えるのではないだろうか。A子さんの被害体験をこれにあてはめてみるならば、まさに多くの複雑な要因がからまりあい、苦しんできたA子さんの姿が浮かび上がってくる。

事件が原因でA子さんは多くのものを失った。一つの喪失を受け止め、何とか受容しようとすると、また次の喪失体験がやってくる。一度にいくつもの喪失がやってきたと思えたときもあった。あることについては何とか受容して一息ついたと思った頃、また別の喪失がやってきて新たにやり直すような感じがしたときもあった。A子さんはこの感じを、「同じ所をぐるぐる回っているよう」と表現してくれた。「しばらく前に克服したと思っていた悩みに、また同じように悩んでいることに気がつくと、これまで頑張ってきたのに結局自分はぜんぜんだめで、何も良くなっていないんじゃないか、とがっかりした」そうである。後に述べるように、実際は同じ所をぐるぐる回っているわけではなく、らせん階段のように少しずつでも昇っていたのだろうが、それがあまりにも少しずつ、ゆっくりとしたものであったために、昇っているという感覚が持てなかったのだろう。

2　崩れてしまった未来

A子さんが筆者に語ってくれたことのなかで、A子さんの心に大きな影響を及ぼしていると思われたのが、「自分の未来が崩れてしまった」という感じであった。事件後、自分の将来を具体的に思い浮かべることができなくなったというのである。

たとえば、A子さんにとって結婚や出産は、事件前は漠然と「いつか経験するもの」であったという。特に具体的な予定があったわけではないが、ほかの多くの同世代の女性と同様に、なんとなくいつかそういう日が来ると考えていた。しかし事件後、恋愛や結婚、出産など、女性としてのライフイベントは、もう自分とは無関係のことになったと思うようになった。最初は身体的な後遺障害や容貌の変化などによって無理だと考えるようになったのだと思っていたが、あるときそうではないことに気づいたという。けがによって性的機能そのものが失われたわけではないし、客観的に恋愛や結婚が不可能である理由は何もない。実際世の中には、さまざまな困難を乗り越えて女性としてのライフイベントを経験している人が多いことも知識としては良く知っていた。

しかし、それらは自分には起こらないことというのは、A子さんにとって、思いというよりは信念に近かった。事件で自分の人生の時間が突然分断されてしまい、この先も続いていく未来とか、こうしたいという希望とかがなんとなく現実としては考えられなくなってしまったのだという。いろいろな人が励ますつもりで、「どんなひどい経験をしても、立ち直って頑張っている人はたくさんいる。

あなたも命があって、まだ若いのだから頑張って」と言ってくれたが、そのたびに「ほかの人はどうか知らないが、私には将来は来ない」と心のなかで返事をしていたという。

また、根本的に「自分は安全である」という感覚を失ってしまった。ほとんどの人は、今大地震が起こったらどうしよう、今乗っているバスが事故に巻き込まれたらどうしよう、などと四六時中考えて心配しながら生活しているわけではない。確固とした根拠はないが、なんとなく今自分のいるところは安全で、とりあえずこのまま安全であるという前提のもとに生活しているのである。A子さんも事件前は特に意識したことはなかったが、「自分は安全である」という感覚の土台の上に生活していた。しかし、事件後、その安全な感覚が根こそぎ崩れてしまった感じがして、現実として将来を考えることができなくなってしまった。

多くの人がA子さんに直接あるいは間接的に、「あなたにも落ち度があった」「悪いことをしていたから悪いことが起きた」と言った。あからさまな悪意で言う人もなかにはいただろうが、その多くは自分の身が安全だと思いたい気持ちから「悪いことをした人には悪いことが起きる、悪いことをしていない自分には悪いことは起きない」という考え方を持ってしまうのではないかと考えさせられた。もしこうしていれば、ああしていなければ、このようなことは防げたのだ。そう考えることによって、ある意味では自分のなかにコントロールの感覚を持つことができる。世の中の出来事がすべて、全く自分のコントロールの及ばないことであったとしたら、ひどいことが誰にでも、いつでも、起きることになってしまう。それは何と恐ろしいことであろうか。

人は「いつ何が起きるか分からない」と口では言うが、A子さんのように本当に生命の危険を感じるような経験をした人にとっては、それは紛れもない事実となってしまったのである。先にあげたラファエルはこのように述べている。「(災害の直接的または二次的な結果として起こりうる喪失のなかに含まれるものとして) 自尊心やアイデンティティの喪失、未来への希望の喪失、さらに死に対する無邪気な気持ちの喪失、そして自分だけは大丈夫という気持ちと自分を守ってくれるはずの力に対する信頼感の喪失である」。A子さんが心にそのような喪失の感覚を持ってしまったことは、外からはわかりにくいかもしれないが、事件がA子さんの心に与えたもっとも深刻な被害と言えるのではないだろうか。

3　人生の再構築へ

そのような不安定な感覚のなかでも、A子さんは次から次へとやってくる困難と戦い続けてきた。「このような苦しい思いをしてまで、人生は生きていく価値のあるものか」「他人に殺されようとした私が、これからも生きていってよいのか」などと、時おりもらす苦しい問いに、筆者は答える言葉を持たなかった。むしろ答えを求めての問いではなく、そのような問いを発せざるをえない、つらい感情の表現であったのだろう。それを問うときは、まるで地の底を這うような、暗闇のなかに一人ぼっちでいるような、そんな気持ちでいたという。

そのような苦しい歩みの過程に、あるとき変化が訪れた。A子さんがある学校に行き、勉強を始めることにしたと報告してくれたのである。それは事件の前からA子さんが趣味で学んでいたもので、ある心境の変化があり、久しぶりに再開しようかという気持ちになったという。その心境の変化とは、「どんなにつらくても自分の人生は誰も代わってくれない、自分が生きなければならないのだ」と観念したことだという。それまではどこかで、これが本当に自分の身に起こったこととは思えないところがあり、早くこの悪夢が醒めてくれればいいのに、などと考えていた。しかし、どんなに心から励ましてくれ、愛してくれる人であっても、自分と別れればその人の頭のなかはその人が今晩食べる夕食のことであったり、恋人とのデートのことに戻っていくのであると気づいた。もちろん最初から頭では理解していたが、本当にそうなのだと心から思ったときはショックだった。しばらく落ち込んだ後、A子さんは筆者に「こういう境遇になってしまったことはもう取り返しようがない。もうあきらめた。でも、この現実を、自分の人生の優先順位のどこに置くかは自分が決めることにした」と宣言した。それは過酷な現実を否認し、矮小化するという意味ではなかった。その現実がいつも第一にあって、自分が悩まされ続ける人生は送りたくない、自分がコントロールしていくのだという感覚を持ったのであろう。

事件後、長い時間をかけて、どんなに小さなことでも、それまでできなかったことができるようになったり、自分でやろうと思ったことができたりという経験を少しずつ積み重ねて、その、小さくはあるが重要な成功体験がまた次へと向かうパワーとなり、最初は小さかったそのパワーが少しずつ雪だるま式に大きくなっていったようなイメージとでも言えばよいだろうか。そのパワーをもって、A

子さんは根本的に崩れ去った自分の人生を再び築いていく仕事に取りかかっているのである。

　モーガンらは、トラウマを伴うできごとを体験した人としない人を比較し、それぞれの自己概念に関する研究を行ない、その結果から、自分についての認知がネガティブに歪んでいる人も、ポジティブな自己認知を持つことがその人の心理的適応に大きな影響を及ぼすと述べている。(6) A子さんの場合、被害によって、ときには絶望の淵に立つような非常にネガティブな自己概念を持ってしまったことであろう。しかし、回復のプロセスのなかで、まずは事件を生き延びた者として、つらい治療を終えた者として、身体障害の告知を受止めた者として、社会復帰を目指してさまざまな行動を起こしてきた者として、そのときそのときには些細に見えても、ポジティブな自己認知が積み重ねられてきたといえるのではないだろうか。そしてその積み重ねこそが、自分の人生を再び構築していくパワーへとつながっていったのではなかろうか。A子さんは苦しい回復の歩みを「同じ所をぐるぐる回っているよう」と表現してくれたが、まさに同じところをぐるぐる回っているようでも、実はらせん階段のように少しずつ昇ってきたのだと、A子さんはこれまでを振り返ることができた。

　それでは、A子さんは事件のトラウマを乗り越え、受容の段階に達したと言えるのであろうか。筆者にはそうは思えない。これまでA子さんとの関わりを通して見てきたように、トラウマティックな経験からの回復とは、あるひとつのゴールとしてあるものではなく、繰り返しやってくる困難な課題に取り組んでいくプロセスそのものであると言えるのではないだろうか。A子さんの口からはこれまで、事件そのものに関することや加害者に対する感情、また当時の恋人との関係がその後どうなったのか、などはほとんど語られてきていない。司法手続きのなかでは情報として事実が語られたが、A子さん本人のこととしてでなく、第三者に起こった出来事についての事実を、まるで箇条書きにして棒読みするような感じで話してくれたのである。ましてやそれらに関する自分の感情は全くと言っていいほど語られていないであろう。それでも、時折A子さんがこのようなことばをもらすことがある。「万一、いつか結婚するようなことがあったとしても、絶対に子どもは産まない。夫は大人だから自分で逃げられるけれど、この世のどこかで生きている加害者から子どもを守り切る自信がないから」。このことばを聞いて、事件後何年経っていても、A子さんの受けたトラウマの深さに暗澹とした気持ちにさせられた。事件そのもの、また加害者に対するトラウマなどはまだほとんど手付かずの状態であると言っていいだろう。

被害のトラウマからの回復は、ハッピーエンドで終わるドラマではない。生きている限り続いていくものである。またそれは特殊な世界にのみ起きる特別なできごとでもない。それまで持っていて当たり前と思っていたものを多く失い、失ってその大切さに気づき、失ったことに対する悲嘆の仕事を続けなければならない。繰り返しになるが、それはゴールではなくプロセスである。そのような大きな仕事に関わるとき、援助者として何ができるのかと考え込んでしまうこともある。そんなとき、何年かかろうとA子さんが望む限り、傍らに居続けること、それが自分にできる援助だと自らに答えている。

2 被害者感情の理解と対応

第一節　被害者支援の芽生え

1　被害者支援へのかかわり

なぜ「被害者」への心理的支援にかかわるようになってきたのかを振り返ろうと思う。もし被害者支援にこれから取り組もうとされる人がいるなら、なぜ自分がそうしようとしているのかを考えたり振り返ったりする手続きは、今後の活動に有益な手助けになるだろう。人生はプロセスである。被害者支援は、被害体験によって寸断された人生のプロセスを振り返り、未来に向けてつなぎ直すことなのである。それには、支援者が被害者の人生を読みとる前に自分自身の歩むプロセスをつなげる試みをなすべきだろう。

では、筆者がなぜ被害者支援に取り組むことになったかお話しよう。

筆者は大学で心理学を専攻した後、関東の大学病院の精神神経科で心理職としてのトレーニングを受けた。精神医学の基礎的知識を得るためには、大学病院は実に多彩な患者と出会うことができ、卒業後のトレーニングの場面としては恵まれていたと思う。その後、単科の精神病院で慢性化した精神分裂病の患者と面接したり、一方でレクリエーションを企画・運営するなどのマネージメントを学んだ。母校の大学に戻り、研究室で勤務した後、別の大学病院に勤務した。

今まで対応した対象は、幼児期や児童期、青年期、成人期、老年期まで、年齢も病理も幅広い分野にまたがる。心理アセスメント、個人カウンセリング、家族カウンセリング、デイケアと、クライエントへの取り組み方もいろいろであった。

十数年そのような仕事を続けた後に、北海道の函館に転居した。函館では、大学で教鞭を取ったり、家庭裁判所のなかで家庭内の紛争の調停という仕事に携わった。特に後者の仕事は、家族や親族のなかで生じる人間関係の複雑な争いやもめごとを互いの合意をもって解決していくという、それまでの病院臨床とは異なる貴重な経験であった。

そして大きな転機をもたらしたのは、一九九三年に発生した北海道南西沖地震であった。津波災害で大きなダメージを被った奥尻島の被災者への心理的支援活動を開始した。手探りのなかで、被災した子ども、大人、被災遺族の精神健康の問題に取り組み、支援活動を地道に続けた(1)。加えて、精神健康がどのように回復するかを継時的に七年間追跡している。

さらに予想もしなかった一九九五年の阪神・淡路大震災では、北海道南西沖地震における被災者の心理的支援の体験を活かすことができた(2)。同じ年に北海道から関東に異動し、現在の職務に就いた。

阪神・淡路大震災での心理的支援活動で知り合った精神科医や心理臨床家、カウンセラーらと定期的な被害者支援の勉強会を持つことができ、現在も継続している。勉強会のメンバーは、犯罪被害者支援、児童虐待、犯罪者の矯正や保護、被害者遺族への支援の分野の専門家である。それぞれの得意とする分野は分かれているが、トラウマ（心的外傷）という一つのテーマを共有している。

このように偶然の巡り合わせと時代の要請のなかで、臨床活動も自然災害の被災者だけでなく次第に広がりを見せていった。台湾で発生したヘリコプター墜落事故などの人的災害現場において、就労していた日本人や外国人への心理教育と心理支援も体験した。またコミュニティにおける学校で起きた生徒を巻き込む事件や死亡事故後の心理的危機介入を要請され、学校教員や養護教員への心理的支援を行なうようになった。

自然災害の被災者の回復を長期的に追跡しているうちに、実際の臨床現場では犯罪被害者、犯罪と立証されないような被害体験、被災者の遺族らの衝撃や悲嘆と向き合う機会が増えてきた。出来事は変化しても、被害を受ける体験、大切な愛着の対象を喪失する悲しみや怒り、激しい無力感などの中核に変わりはない。

人の人生には、不幸なことが起きるものだとため息が出る。

被害者であるクライエントのなかには「先生も大変でしょう。ここに来る人は、幸せいっぱいの人はいないからね。こんなつらい話ばかり聴いていたら、苦しくなりませんか」と気遣ってくれる人がいる。そんなに苦しい顔を見せていたのかとプロとしての姿勢が甘いと反省しながら、クライエントが人の様子を気遣えるようになったことに安堵する。

被害者は孤立している。支援者のもとにたどり着くまでたいてい長い時間がかかり、傷がふさがらないままで、かなり悪化していることが多い。被害者との出逢いは緊張するが、できるだけ温かく出迎え、少しでもほっとする時間と場所を共有でき、カウンセリングを終え、後ろ姿を見送るまですべてが支援になるようにと心がけている。

2　被害者支援の歴史

では、日本での心理臨床家の被害者支援の歴史はどうなっているのだろうか。

被害者相談のもっとも先駆的活動は、精神科医で臨床心理士でもある小西（現、武蔵野女子大学）が、一九九二年の春に東京医科歯科大学に「犯罪被害者相談室」の開設の準備を始めたところにあると言ってよいだろう(3)。

「犯罪被害者相談室」は、いわれなき犯罪に巻き込まれた被害者の苦悩に満ちた声を、電話相談やカウンセリングでていねいに拾い続けていき、警察や司法の関係者に対して被害者の持つ心情を伝えるという啓蒙的な活動も同時に進行させてきた歴史がある。以後、阪神・淡路大震災での心理的支援にも取り組み、PTSD（Post Traumatic Stress Disorder：外傷後ストレス障害）の治療に積極的に係わってきた実績がある。この歴史からみると、まだ日本では十年にも満たないことになる。

一九九九年には、日本心理臨床士会が新しい動きを見せた。村瀬被害者支援専門委員会委員長のもとで、第一回の被害者支援の研修会を神戸ポートアイランドのホテルで開催した。全国から五百名余りの臨床心理士が集まり、開会式において警察庁犯罪被害者対策室室長（当時）の太田裕之氏が「被害者支援は、警察だけの対応ではすまない非常に幅広い課題であり、社会全体のケアというものが求められている」「臨床心理士の支援協力は欠かすことができないもので、警察としてもさらなる連携の強化を図っていく必要性を感じている」という意見を述べた。次に甲南大学教授・神戸大学名誉教授である中井久夫氏の特別講演「トラウマと回復」を経て、さらに午後からは分科会A「災害被害者の心理とその援助」、分科会B「犯罪被害者の心理とその援助」、分科会C「児童虐待とそのケア」、分科会D「少年事件と心のケア」の四つの分科会に分かれて研修を行なった。

研修会の内容の詳細は、「第一回　被害者支援研修会」というタイトルで日本臨床心理士会・被害者支援専門委員会の編集で冊子がまとめられている。[4] 翌二〇〇〇年には、第二回目の被害者支援研修会が名古屋で開催された。このように、ようやく臨床心理士の現場でも、被害者支援の専門委員会が発足し、定期的に研修会を開催する動きがみられるようになった。

被害者支援の歴史は産声をあげたばかりだ。ところが、臨床現場でも必要性は高まる一方である。即戦力が要求されるなかで、心理臨床家やカウンセラーの技術的なトレーニング・プログラムは未完成であり、被害者のニーズに応えるための精神保健の専門家でさえ充分な対応ができる状態ではないと感じている。専門家の養成が急務なのは言うまでもない。

3　通常カウンセリングにおける被害者相談

筆者が災害被災者支援の活動をしていることを、クライエントの多くは知らない。もし、知っていてもクライエントが抱えている問題とはほど遠いと思っている。ほとんどのクライエントは、「被災者」や「被害者」という人たちが存在することは知っているが、自分とは関係がないと位置づけているのかもしれない。関心があるとすれば、自分の心の傷つきをトラウマという流行の言葉で捉えていることだろう。

たしかに刺激が強い災害フィールドでの活動が続くと、カウンセリング室内のカウンセリングに何とも言えない安心感を覚える。災害フィールドの活動は、平時のコミュニティにおけるアウト・リーチとも異なる。地理に不案内で、しかも予想できない出来事が続く現場が臨床場面となると、カウンセラーの精神健康にも決して良好とは言いがたい。

笑い話ではないが、この頃は普段のカウンセリング場面に「水」と「トイレ」があることに感謝してしまうのである。

実際、筆者の臨床現場には、クライエント自らが犯罪の「被害者」だと直接に訴えてくる事例は稀である。被害者相談の特徴は、家族のなかに被害者がいて、家族が困惑していて藁にもすがる思いであちこちの治療機関やカウンセラーを探してやってくる。この場合は犯罪被害に多い。家族からはメディアから情報を集めたり、講演を聞いたことがあったりなど、その細い線を何とかたどって連絡が入る。遠い地方からの電話での問い合わせもかなりある。

被害者本人が相談に来る場合は、ドメスティック・バイオレンスなどの被害がありながら、まだ充分に自分を被害者と認識していない段階でのコンタクトが目立つ。被害者と認識できている人は、弁護士や家庭裁判所に出向き、現実的な対応を行なっている。生命の危険を感じるような暴力では、シェルターや実家に避難している。そこまで至っていない被害者は、夫婦間のトラブルから発生したと思われる不安発作、不眠、身体の不調などが主訴として被害が表に出ない来訪になる（夫の手前、夫の暴力を主訴としてカウンセリングが受けられない事情もある）。

さらに現在すでに、何らかの専門的支援（医療やカウンセリング）を受けているが、改善しないので困っているという訴えも少なくない。これには慎重に対応しなければならない。これまでの治療における信頼関係を安易に中断するのは危険が大きい。しかし、治療機関や支援機関で二次的な被害を受けている場合もある。受け入れ側とクライエントの「どうしても」の判断が共有できてこそ、新たな関係が発生する。少なくとも、なぜ新しい場所を求めているかは、ていねいに聴く価値のあるポイントであろう。

4　被害者相談の落とし穴

気をつけなければいけないのは、「被害者」という病名や診断名は実在しないという事実である。訴えの内容は「手足がしびれる」「記憶がない」「死にたい」「動悸が激しく、息ができない」「何もやる気がない」などである。

トラウマとなる被害体験はいろいろだが、傷つきのあり様は共通している部分としていない部分がある。ここでの被害者とは、現実に何らかの被害体験が存在していることを指す。狭い意味で「犯罪による被害者」とはあえて限定しないで話を展開していきたい。

それにはクライエントの今抱えている症状の奥に現在もしくは過去の被害体験が影響しているかもしれないという視点から、カウンセラーが目の前の問題だけに振り回されないという利点がある。そのためにはクライエントの的確な心理アセスメントが、支援するときに非常に役に立つ。

津川は、心理アセスメントを「面接、心理テスト、行動観察などを用いて、クライエントの人格特性や発達水準、さまざまな社会的能力などクライエント自身に関するものから、クライエントを取りまく状況や家族力動、援助資源など外的環境に至るまで情報を収集し、その分析を経て、クライエントの状態を理解し、処遇方針を定めていくための方法と過程を指す」と述べている[5]。単純にいえば、心理アセスメントは、その人のあり様の特徴を心理学的視点でもって多角的に把握するという意味であり、医学的な診断分類とは異なるとも指摘している。心理アセスメントの的確さは、被害者の心理状況を把握し、無理な速度での回復を強いてはならないと教えてくれる。

クライエントが警察などの「被害者相談」や法律家による専門の「法律相談」に出向かず、一般のカウンセリングを希望しているときには、被害体験の事情が複雑で自分の被害を否認している場合がある。その否認の態度は、もしかすると問題の重大さにつながっている可能性が否定できない。被害体験に直接触れる心の準備ができていない、まだ触れたくない、誰かに触れられるのが怖い……という気持ちに覆われて、知らず知らず通常のカウンセリングを求めている。その感情のからみについては、次の節で述べようと思う。

被害者は、心のなかで天文学的な数ほどの「なぜ、どうして、私がこのような目に遭わなければいけないのか」という叫びを繰り返している。クライエントが自分を捉え直す新たな視点をもつこの作業は、たいてい大きな苦痛を伴い、抵抗もあり、しかも心から納得できる答えなどあろうはずがない。ところが、この命題になんとか苦しいながらも答えらしきものを出しつつ乗り越えないと、回復、そして新たな一歩が踏み出せないのだ。

第二節　被害者であること

1　被害者の葛藤

「被害者」という響きを皆さんは、どう捉えるだろう。

テレビや新聞で事件が起き、それが報道されると、「被害者の人権は守られないのか」とか「被害者が気の毒だ」「被害者の保障はきちんとなされるのか」などと思う人は多いのではなかろうか。

しかし、刑事事件や民事事件でさえ、被害者となった人は自分のことを被害者と認めるには抵抗感がある。ましてやそのような明らかな事件の範疇に入らないような被害体験は、被害者自身が自分を、「自分は被害者である」と認めるところから支援が始まる。

では、なぜ被害者がそのような抵抗を抱き、感情の不安定さを感じなければいけないのだろうか。次に、被害者が持ちやすいいくつかの困難な感情について示した。

A　否　認

「自分が被害体験を受ける弱々しい人間だと認めたくない」という気持ちはごく自然である。被害者は、被害を受けたことを認めなければならない。これは、かなり勇気のいるつらい作業である。ときには「自分にも落ち度があった」とさえ思い、被害者の立場を拒否する人もいる。

また、被害がなかったかのように振る舞う強烈な否認もある。身体や心は、手当てされないまま放置され、心の奥底に錨をつけて沈められてしまうのである。

ドメスティック・バイオレンスの被害者のなかには、夫から日常的な暴力が続いていても、骨折まではしていない、殴打の青あざが大きくできていないなど、暴力の程度評価を自ら軽く認知しようとしている場合がある。暴力の内容は、髪の毛をつかみ引っ張りまわす、身体をつき倒す、平手打ちや殴打、身体を強くつねるなどで、夫の気分しだいで何の前触れもなく「お前の態度が悪い」と暴力が始まる。暴力は子どもの目の前でも容赦なく続く。妻は我慢し、「夫は仕事のストレスで大変なのだ」「自分が何か気にさわることをしたに違いない」と夫への怒りを閉じこめる。

自分を被害者と認めると、今までの夫婦関係の構造そのものを見直さなければならない。次に自分の性格や生育歴まで振り返ることになる。被害を受けている多くの妻たちは、現状に苦しみながらも、その状況の変容に強い抵抗を持つ。夫を愛している、夫が変わってくれるという気持ちや期待が根底にある。また、自立するには経済力がない、子どもがかわいそう、帰る実家がない（物理的な場合もあるし、心理的な場合もある）という厳しい状況が被害者の立場を否認させる。

B　怒り

被害者は、被害を受けた衝撃期から激しい怒りに巻き込まれる場合がある。

ある性被害者は、「自分に何が起きたか、今自分がどうなっているのか分からない」「とにかく渦に巻き込まれているから何も感じない」と言った。事件の加害者が強い信頼を持っていた知人であったため被害の衝撃は倍増された。しかし、その感じない、分からないという表現は、事件直後に被害者によく見られる。「何も覚えていない」「自分が自分であるという感じがしない」と、解離とは少々違う意味を持っていた。

しかしそれは、実は激しい怒りの感情の渦だったのである。婦人科には自ら出向き、検査を受けたが、警察への被害届けは出していなかった。時間的には、事件から二週間ほどでカウンセリングの依頼があった。カウンセリングでは、真っ青な顔色で自分が怒りの感情にまみれていると言語化してくれた。加害者への怒りは、憎しみとなり、その被害者は加害者に直接的な復讐をしたいと言い出した。あまりに怒りが強いので、加害者または被害者自身への行動化が心配されたため、落ち着いて現実検討を促し、安心するために姉の家に泊まりこむよう直接的な指示を行なった。幸いにも姉家族が温かく迎えてくれ、静かに落ち着くための時間と休息を与えてくれた。

するとと怒りが少し弱まり、うつ状態に向かった。うつ感情は強迫性と結びつきやすく、強迫性は執拗に被害の因果関係を追求する。「なぜ」「どうして」の答えのない強迫的な思考の回路はなかなか断ち切れない。認知を変容させる余地がないほどの、観念への捕らわれである。加害者を信頼していた自分を責めたり、ときに静まりかけた加害者への怒りが突き上げてきたり、いくら苦しんでも悲しんでも、起きた被害体験をなしにすることはできないと無力感に覆われる。無力感はうつ感情を増大させる。

怒りはエネルギーである。怒りにまみれている被害者に対しては、ある程度の時間経過が必要だ。無理に怒りを閉じこめる必要はないが、危機管理は大切である。

うつ感情が強迫性と結びつきやすい関係があると知っていると、支援のときに役に立つ。ある被害者は被害を体験するまでの適応がかなり良かったので、次にうつ状態が待っているとあらかじめ知らせ、うつ状態に入っても自分の変化に気づき、つらさを我慢しすぎないようにと対応を教えた。

それを伝えたとき、その被害者は今と違うつらさがまだ待ち受けているのかと驚いたが、すぐに、「ある意味で安心をした」と言ってくれた。「これから何が起きるか分からないより、予想がついた方が気持ちが静まるし、混乱が少ない」というのである。一方的にカウンセラーが先回りするのはきわめて失礼な話だが、相手の状態や資質を見分け、関係性が築けていれば、このような対処も効果がある。

被害者のうつ感情、無力感、自己卑小感は、カウンセラーの無力感を刺激する。薬物治療も念頭に置きながら、気長な対応が必要である。常に被害者の痛みやつらさを少しでも軽減する目標をたて、共有することである。痛みのコントロールは、身体的な治療だけでなく、心理的な支援でも重要なポイントである。

C　恥

被害を受けたことを認めることを恥だと思う人も大勢いる。世間の人たちが、被害者に対して向ける評価は、同情や憐憫、厳しい言い方だが、ときには「なるべくしてなった」とまで評する偏見を受ける危険がある。

それはやはり被害者の自尊心の低下を招く。被害体験だけでも傷ついているのに、事情もよく知らない人からの冷たい眼差しや、必要以上の過剰な気遣いは被害者の恥の感情をかき立てる。なかには親しい関係の家族や友人でさえ無理解な言葉を発し、被害者を追い込むことがある。家族に「お前のような被害を受けるものがいて世間体が悪い」といったあからさまな非難に苦しんでいる被害者も多い。生活をするコミュニティの無理解も恥の要因としてあげられる。

D　恐　怖

被害者は、一度体験してしまった被害がまた身に降りかかるのではないかという強い恐怖心を抱いている。自分が声をあげ被害を訴えると、逆恨みされるのではないかと思ってしまう。加害者が逮捕されない場合はまだ狙われている気がするし、たとえ逮捕され加害者が刑務所に入っていても、いつかは出てくるのではという不安と恐怖はつきまとう。現実にそのような事件が発生していないわけではないので，安心できず身を縮めている。

ときには，加害者から被害体験を口止めされたり，強迫されていたりする。被害を訴えれば，生活が脅かされることもある。さらに家族や友人にまで影響が及ぶことを恐れる場合もある。

被害を受けることで，それまでの人間関係や職業や生活全般の安定まで脅かされる恐怖は，被害者の健康な精神生活を確実に蝕んでいく。

E　被害者に対する聖人神話

「被害者は，いつでもどこでも聖人であらねばならない」と誰が決めたのだろう。しかし，この神話は恐ろしいほど浸透している。人間は生きていくうえで，いろいろな問題や葛藤にぶつかってきているはずだ。

自らの人生を振り返り「すべてが清廉潔白だ」と豪語できるだろうか。けれども，被害者にはその「清廉潔白さ」が求められる。「誰が求めるのか」と言うと，被害者自身であったり，家族や親しい友人であったり，社会全体であったり，いろいろである。

被害者が，生まれたばかりの赤ん坊や乳幼児などの子どもの場合は，その矛先は保護者に向けられる。「保護者がちゃんとしていれば，こんなことにはならなかった」という非情な評価は，保護者の心の傷をさらにえぐる。

たとえ被害者のなかに過去の人生の罪や実際的に被害に関する引き金的な要素があったとしても，

それが被害を主張することから差し引かれるという考えがあるとすれば思い直してほしい。その考え方は、被害者支援の方向を間違えたものにする危険性がある。

被害者自身がこの神話に縛られていたとしたら、自らをもっとも有能で助けられるべき被害者かどうか自己評価をしてしまい、支援を求めるまで躊躇をし、その間長く苦しむことになる。それは、被害そのものの苦しみと、被害者支援を受ける価値があるかどうかを悩むという二重の構造を作り出す。

F　孤独感

被害者は往々にして孤独である。

被害を認めて被害体験を語っても、自分の気持ちが分かってもらえないのではないかという不安を常に抱えている。それなら語らなくても同じではないかと感じ、自分のなかに抱え込み一人で処理しようと試みる。

たとえ周囲に温かい支援の手があったとしても、すぐには受け入れられないだろう。支援の手が優しく手厚いほど、その期待に添わなければいけないという課題が出てくる。支援はありがたいが、反面、期待に添えないと被害者の自己評価は低下する。結局は自分が乗り越えていく問題でしかないと結論を早々に出し、自分のなかだけで苦悩を解決していこうとする被害者は少なくない。

安易に言えないが、女性に比べて男性の方がこの傾向が強い気がする。男性の場合は、自分の問題を他者に自己開示をする経験が乏しいのではないだろうか。社会的な性役割としても、人に頼らない、相談しないで自己完結するという重荷を背負っている風潮がある。経験的には、被害者遺族の方でも男性が語り出す場合は、自分の苦悩の軽減ではなく、そのことが社会的意味を持つと判断したときである。男性とはいえ、苦悩がないわけではないだろう。表面的には克服しているように見えても、孤立感が強く、うつ感情に覆われていることがある。自殺という結末をもたらさないような配慮は充分必要だ。

孤独感は被害者だけでなく、誰でも持っている感情である。ただ、被害者の場合の孤独感は人生のあらゆるものに対する諦めに通じる。回復や成長のプロセスを経ない単なる諦めだけの感情は、被害で傷ついた心を閉ざさせ、引きこもりを促してしまう。

G　煩わしさ

被害にあっただけで大変なのに、その後の自分の精神内界と向き合うことで、また仕事が増えてしまう。事件の処理のために煩雑な事務手続きや折衝に追われ、専門家に心理的問題を相談する時間もエネルギーの余裕もないときがある。

たしかに被害者はたくさんの手続きにつきあわなければならない。事件性のある被害であればなおさらのことである。とても自分の心理的な側面まで手が回らない。また、被害者家族の心理的問題も同様である。心の問題は後回しにされ、置いてきぼりになる。

交通事故などで子どもを亡くした両親は悲嘆にくれ、一方では損害賠償の裁判の準備に入る。そこで忘れられるのが、亡くなった子どものきょうだいの存在である。家族で悲しみを分かち合うことができないため、遺されたきょうだいは心の不安を感じつつも我慢している。親の手をこれ以上煩わしてはいけないと強く自制している。ところが、やがて我慢できなくなり、不登校や家庭内暴力などの問題行動を引き起こす。

被害者が感じる煩わしさは、実務的な側面と心理的な側面の両方にある。悲嘆や抑うつ感情は、通常より処理能力を低下させるため余計に面倒臭いと思わせ、他者への配慮にも欠け、大切な対人関係をも壊してしまう。

被害者が感じるあらゆる側面の煩わしさや面倒臭さを、なるべく軽減するための支援も重要である。

H　被害感情と加害感情が入り交じる

自分が「被害者」であり「加害者」である場合もありうる。そうなると、どちらの立場に自分の身を置いていいか分からなくなるのである。

分かりやすい例をあげると、どちらかが先に手をだしたか分からないが、結果的に殴り合いのケンカになり、双方がかなりの怪我をしたとしよう。さて、先に手を出した方にもそれなりに言い分があろう。では、殴り返したのは正当防衛か。この例は身体的な被害と加害を示しているが、心理的な被害と加害は見えないだけに複雑である。

被害と加害の入り交じりを説明するのは難しい。複雑に入り組んだ事例は、現実の場面では多いのだが……。

たとえば、夫婦関係のこじれやもつれはこれに値するかもしれない。夫婦間で紛争が起きたとき、互いが自分を「被害者」と主張する場合もあれば、反対に自分が「加害者」だと双方に譲らない場合もある。有責性の事実関係を確かめたとしても、この複雑な感情が整理されることは、不思議なことにほとんどないのである。たとえ離婚が成立しても、感情の交錯はかなり長いあいだ続く。荷下ろしうつ病のように、離婚を強く願っていた有責配偶者である当事者が、離婚が成立したとたんに激しいうつ状態になりカウンセリングに駆け込んでくる。「悪いのは自分だが、ああするように追い込まれた。離婚という結果を望んでいたが、いざ別れると、傷つきは自分の方が大きい」と言ったりする。

まさにその感情は「藪の中」である。相手との関係なのか自分自身のなかにある感情のもつれなのかも判然としない。被害と加害の心理的な真実は分からない。おそらくその比率は、典型的にゼロ対百にはならない。

被害感情はどこかで自責感を刺激し、相手に加害行動をとらせてしまったという加害感情が生まれるのかもしれない。カウンセリングをしていると、あまりにも愛憎が入り組んだ人間関係のなかで、クライエントが自分をどちらの立場に立たせていいのか判断に迷っているのが伝わってくる。

被害者の感情が怒りや悲しみだけで成立し、加害者を一方的に憎んだり怖れてしまう方が、この重苦しい混沌から抜け出せるのにと思わないわけでもないが、たいていの被害者はそうはならない。そこが難しい。

もし被害を体験し、つらい思いをしているなら、あえて「被害者」の立場を選んでみてほしい。被害をすぐに語れなければ、ほかの理由でいいから被害者相談やカウンセリングの門を叩いてみてほしい。頑張りすぎない、我慢しすぎない強さも必要だから。

2 PTSD

先に述べたように阪神・淡路大震災は、日本に本格的な被害者支援のあり方を問う重要なきっかけを作った。それまでに行なわれていた長崎普賢岳噴火災害や北海道南西沖地震での地道な心理的支援活動は、阪神・淡路大震災をきっかけにやっとクローズアップされたのである。そしてその大きな流れは、ＰＴＳＤ（Posttraumatic Stress Disorder：外傷後ストレス障害）という診断基準を日本の文化のなかに突然投げ入れた。

歴史上、ＰＴＳＤは世紀を超えて翻弄されてきた。十九世紀半ば西欧に鉄道事故が頻発し、事故の後遺症で医学的所見が認められないのに心身の異常を訴える人びとを「機能的神経障害」と称した。その後、ジャネやフロイトの力動精神医学をくぐり抜けたものの、症状の原因が内的葛藤によるものか外傷反応かの議論は絶えなかった。やがて第一次世界大戦では戦場の兵士の「シェル・ショック」、第二次世界大戦では「戦争神経症」と名を変え、ベトナム戦争の帰還兵によりトラウマとして政治的な意味を含んで認識された。それまで心身ともに健康だった人が、過酷な戦争体験により症状を起こし社会適応ができなくなってしまったのである。米国は、国家としてこの保障問題から逃れることはできなかった。さらにその後、一九七〇年代にレイプや暴力の被害、子どもの虐待などが、トラウマとして認知されてきている。米国における膨大なPTSD研究の多くは、このベトナム帰還兵と暴力被害者が対象となり、災害被害者に広がりをみせている。

米国精神医学会のDSM-Ⅳの診断基準では、PTSDを表2-1のように定めている[6]。

まず、診断基準ではトラウマの規定がなされている。実際に危うく死ぬ、または重症を負うようなできごとを一度または数度、体験している。さらに自分や他人の身体の保全に迫る危険を体験または目撃し、直面したと限定されている。このトラウマの規定が適当かどうか議論がないわけではないが、現在のところこのようになっている。おそらく「実際に体験した、目撃した」という点が、判別の材料になると思われる。

症状は、大きく三つに分けられる。

a　**侵入**――思考の侵入によって、トラウマの再体験が起きる。音や臭いを引き金に、まるで事件を体験したときに戻ったような感じになる。自分で思い出すのではないため、コントロールできない。生々しい感情がよみがえり、日常の生活が阻害される。フラッシュバックや悪夢なども侵入として扱う。

b　**回避**――思い出すことを避けるために外からの刺激を遠ざける。要するに現実を避けるようになる。対人関係からは引きこもり、以前は興味があったことにも無関心になる。人間に対する不信感

表2－1　DSM-IVの診断基準（APA, 1994）

不安障害　Anxiety Disorders
309.81　外傷後ストレス障害　Posttraumatic Stress Disorder

A　患者は，以下の二つが共に認められる外傷的な出来事に暴露されたことがある。
(1)実際にまたは危うく死ぬまたは重傷を負うような出来事を，一度または数度，自分または他人の身体の保全に迫る危険を，患者が体験し，目撃し，または直面した。
(2)患者の反応は強い恐怖，無力感または戦慄に関するものである。
【注】子どもの場合はむしろ，まとまりのないまたは興奮した行動によって表現されることがある。

B　外傷的な出来事が，以下の一つ(またはそれ以上)の形で再体験され続けている。
(1)　出来事の反復的で侵入的で苦痛な想起で，それは心像，思考，または知覚を含む。
【注】小さい子どもの場合，外傷の主題または側面を表現する遊びを繰返すことがある。
(2)　出来事についての反復的で苦痛な夢。
【注】子どもの場合は，はっきりとした内容のない恐ろしい夢であることがある。
(3)　外傷的な出来事が再び起こっているかのように行動したり，感じたりする（その体験を再体験する感覚，錯覚，幻覚，および解離性フラッシュバックのエピソードを含む，また，覚醒時または中毒時に起こるものを含む)。
【注】小さい子どもの場合，外傷特異的な再演が行われることがある。
(4)　外傷的出来事の一つの側面を象徴し，または類似している内的または外的きっかけに暴露された場合に生じる，強い心理的苦痛。
(5)　外傷的出来事の一つの側面を象徴し，または類似している内的または外的きっかけに暴露された場合の生理学的反応性。

C　以下の三つ（またはそれ以上）によって示される，（外傷以前には存在していなかった）外傷と関連した刺激の持続的回避と，全般的反応性の麻痺。
(1)　外傷と関連した思考，感情または会話を回避しようとする努力。
(2)　外傷を想起させる活動，場所または人物を避けようとする努力。
(3)　外傷の重要な側面の想起不能。
(4)　重要な活動への関心または参加の著しい減退。
(5)　他の人から孤立している，または疎遠になっているという感覚。
(6)　感情の範囲の縮小（例：愛の感情を持つことができない)。
(7)　未来が短縮した感覚(例：仕事，結婚，子ども，または正常な一生を期待しない)。

D　（外傷以前には存在していなかった）以下の二つ（またはそれ以上）によって示される。
(1)　入眠または睡眠維持の困難
(2)　易刺激性または怒りの爆発
(3)　集中困難
(4)　過度の警戒心
(5)　過剰な驚愕反応

E　障害（基準B，C，およびDの症状）の持続期間が一ヵ月以上。

F　障害は，臨床的に著しい苦痛または，社会的，職業的または他の重要な領域における機能の障害を引き起こしている。

▶該当すれば特定せよ：
急性：症状の持続期間が三ヵ月未満の場合
慢性：症状の持続期間が三ヵ月以上の場合
▶該当すれば特定せよ：
発症遅延：症状の始まりがストレス因子から少なくとも六ヵ月の場合

は強くなり、親密な関係が築けない。

c　覚醒の持続的亢進――心が安心することがなく、常に緊張している状態が続く。睡眠に関する問題が多く、具体的には入眠困難、途中覚醒、早朝覚醒、熟睡感のなさなどに苦しむ。

ＰＴＳＤのアセスメントは、質問紙法や構造化面接によるものが多数ある。そのなかで、自記式症状測定スケールとしてＩＥＳ（Impact of Event Scale）の改訂版であるＩＥＳＲ（Impact of Event Scale-Revised）を紹介する。[7] ＩＥＳＲは、ＰＴＳＤの三つの症状を判断できる二十二項目で成り立つ（表２－２）。この日本語版は、東京都精神医学研究所の飛鳥井ら[8]が原著者の許可を得て作成したものである。

回答者には、まずトラウマを限定してもらい、そのことに関して五件法で答えるようになっている。最後に全項目の合計得点が二十五点以上であれば、より丁寧なアセスメントを必要とする。ＩＥＳＲは自記式であるため偽陽性（特異性が低い）は多くなるが、ＰＴＳＤのスクリーニングには有用であるとされている。項目数が少なく負担が小さいため、ほかの測定尺度と組み合わせも可能であるという利便性は高く評価できる。

犯罪被害によってトラウマをうけた人が持つ症状について、オクバーグは以下をあげている。[9] ＰＴＳＤの症状に加えて、性被害独特の症状が記載されている。

表２－２　IES-R（日本語版）

(IER-R) お名前＿＿＿＿＿＿＿（ 男・女 ＿＿歳）記入日　H　　年　　月　　日

下記の項目はいずれも，強いストレスを伴うような出来事にまきこまれた方々に，後になって生じることのあるものです。＿＿＿＿＿＿＿＿＿＿＿に関して，この１週間では，それぞれの項目の内容について，どの程度強く悩まされましたか。あてはまる欄に○をつけてください。（なお答に迷われた場合には，不明とせず，もっとも近いと思うものを選んでください。）

	この一週間の状態についてお答えください。	0.全くなし	1.少し	2.中くらい	3.かなり	4.非常に
1	どんなきっかけでも，そのことを思い出すと，そのときの気持ちがぶりかえしてくる。					
2	睡眠の途中で目が覚めてしまう。					
3	別のことをしていても，そのことが頭から離れない。					
4	イライラして，怒りっぽくなっている。					
5	そのことについて考えたり思い出すときは，なんとか気を落ち着かせるようにしている。					
6	考えるつもりはないのに，そのことを考えてしまうことがある。					
7	そのことは，実際には起きなかったとか，現実のことではなかったような気がする。					
8	そのことを思い出させるものには近寄らない。					
9	そのときの場面が，いきなり頭にうかんでくる。					
10	神経が敏感になっていて，ちょっとしたことでどきっとしてしまう。					
11	そのことは，考えないようにしている。					
12	そのことについては，まだいろいろな気持ちがあるがそれには触れないようにしている。					
13	そのことについての感情は，マヒしたようである					
14	気がつくと，まるでそのときにもどってしまったかのように，ふるまったり感じたりすることがある。					
15	寝つきが悪い。					
16	そのことについて，感情が強くこみあげてくることがある。					
17	そのことを何とか忘れようとしている。					
18	ものごとに集中できない。					
19	そのことを思い出すと，身体が反応して，汗ばんだり息苦しくなったり，むかむかしたり，どきどきすることがある。					
20	そのことについての夢を見る。					
21	警戒して用心深くなっている気がする。					
22	そのことについては話さないようにしている。					

（侵入的想起，再体験症状）：８項目：１，３，６，９，14，16，19，20
（回避症状）：８項目：５，７，８，11，12，13，17，22
（覚醒亢進症状）：６項目：２，４，10，15，18，21

(1) 恥
(2) 自責
(3) 服従――無力になり卑小になってしまった感覚
(4) 加害者に対する病的な憎悪
(5) 逆説的な感謝――加害者に向けられる愛情・同一化（ストックホルム症候群）
(6) 汚れきってしまった感じ
(7) 性的抑制
(8) 二次受傷（被害者自身の）
(9) あきらめ
(10) 社会経済状況の低下

PTSDの診断基準をすべて満たしていなくともさまざまな場合があるので、診断だけにとらわれることがないよう配慮すべきだろう。

3 デブリーフィング（debriefing）

日本ではあまり馴染みのないデブリーフ（debrief）という言葉は、英和辞典によれば次の通りである。[10]

（1）〈帰還した兵士・飛行士・外交官などに〉任務や行動の結果を尋ねる、報告を聞く。
（2）（情報を得るために）系統立てて質問をする。
（3）〈軍や政治上の機密にかかわる人に〉（離職に際して）秘密を口外しない約束をさせる。
（4）心理学では、被検者に（実験後）実験の目的や内容を知らせる。

この単語掲載初出は一九四五年であり、とりわけ軍隊にかかわる文脈で用いられていることからも理解されるように、その歴史的背景には第二次世界大戦が大きくかかわっている。やがて、デブリーフィングは戦場だけに限らず、心理学的な衝撃を受けるようなあらゆる場に対する効果を期待されるようになった。救急援助者（救急隊員、消防士、警察官など）、犯罪や事故の被害者（災害の被災者を含む）などへの対処として急速に広範な領域で利用されるようになった。日本でも、一部の特殊な職種である航空関係者などのあいだの専門用語としてはデブリーフィングという言葉は従来から用いられていた。

デブリーフィングが心理学的文脈で用いられるようになりはじめたのは、これも阪神淡路大震災がきっかけになっている。ただし、ＰＴＳＤという診断基準がそうであったように、欧米からの急激な情報の供給にアレルギー反応を起こす専門家は多かった。実践では、災害現場で「報告会」や「連絡会」「申し送り」「反省会」などと名称を変え、心理教育を中心にしたデブリーフィングが実施された。消防士や警察官などにも、改まってデブリーフィングといって身構えてしまうより、日本語で通常業務のなかで使用されている名称の方が自然に受け入れられた。職務の遂行結果において、自分の失敗や不安や葛藤などを吐露することに慣れていない人びとには当然の反応であろう。このように日本での歴史の浅い潮流にあっては、デブリーフィングなどの心理学的手法についての理解の不足、誤解、拒絶と、同時に過剰な期待や評価も生じた。

トラウマティックな出来事が起こったとき、心理的な影響を低減する方法として、心理学的デブリーフィング（Psychological debriefing）は有用な対処法として広く用いられている。デブリーフィングがこのような手法として確たる位置づけをされたのは、ミッチェルが「危機的な出来事に際するストレス・デブリーフィング」（Critical Incident Stress Debriefing：ＣＩＳＤ）を記述して以来であろう。[11] ミッチェルは「危機的出来事」（critical incidents）あるいは「普通のコーピングではもはや歯が立たず、そのときやその後の労働能力を損なうような程度の、救急隊員が直面する状況」といった言葉を使って定義される「仕事上のトラウマ」を低減するように作られた、救急隊員のための心理学的な側面を重視したデブリーフィングの方法を開発した。

そこでは次の四種類のデブリーフィングを提唱している。

（1） 即時ないし近時のデブリーフィング（on or near the scene debriefing）

（2） 初期デフュージング（不安緊張除去：initial defusing）

（3）定式ＣＩＳＤ（formal CISD）

（4）継続ＣＩＳＤ（follow-up CISD）

とくに定式のデブリーフィングは七段階に具体化され、事件の二十四から四十八時間以内に三〜五時間をかけ、特定の技術をもった精神保健の専門家によって提供されなければならない。その七段階は、導入段階（規則と過程の説明）、事実段階（出来事のときに見たり、聞いたり、嗅いだり、触ったり、行動したことについて）、思考段階（はじめに考えたことなどについて）、感情段階（気持ちの反応について）、評価段階（身体的ないし心理的な症状について）、教育段階（ストレス反応症候群について）、および再導入段階（照会情報など）である。

今や米国では、心理学的デブリーフィングの利用範囲は非常に拡大している。軍隊や消防士、被害者だけでなく、殺人事件の裁判の陪審員や流産の直後に行なった例も報告されている。

デブリーフィング効果についてのレビュー研究において、岡田らはデブリーフィングがＰＴＳＤの発症の予防に効果をもたらす場合ともたらさない場合について詳細に報告している。[12] たしかに、デブリーフィングが適していない対象者もいる可能性があるので、リーダーに求められる能力として、実施の適用を判断するということも含まれる。

判断の基準には、次の要因があげられる。

（1）被害者とカウンセラーに安全と安心な状況が確保されている。
（2）カウンセラーのデブリーフィング経験が豊富である。
（3）被害者の体験が一回限りのトラウマか、複雑性のトラウマ（過去のトラウマの有無）かの判断ができる。
（4）被害者に強制しないで、充分な説明と選択の余地が与えられ、合意がなされていること。
（5）他の心理的支援のための接近法が準備できている。

デブリーフィングに対し、異文化論を持ち出し批判的な人びともいる。しかし、被害者支援において、デブリーフィングのなかでも、特に心理教育段階は効果的である。欧米人でも、感情の直面化には抵抗は大きい。反面、日本人でもデブリーフィングの設定の仕方やリーダーの技量次第では、被害者がおおいに感情を語ることができ、その経験を後の回復に役立てることができている[13]。

治療においても、筆者が訪れた米国のパルアルトにある国立PTSDセンターでは、ベトナム帰還兵に対して繰り返し心理教育を実施していたところをみると、被害体験からの時間経過に応じた、情報提供や認知変容の促進をめざしたプログラムは有用なのだと実感した。

4 カウンセラーが受けとる被害者の感情

クライエントと話すなかで、次第に被害体験が浮かび上がってきたとしよう。

それは当初のクライエントの主訴ではない、別の事象のように感じるかもしれないが、まず目を背けないことだ。そして焦ったり、慌てたりしないことである。被害者は対人関係に敏感であることは言うまでもない。何度か被害体験を他者に話して期待を裏切られている可能性が高い。カウンセラーが、被害体験を聞いている態度そのものを非常によく観察している。この人はどう反応するのだろうかと。

また、逆も言える。支援者の好奇心が先立ち、クライエントの自己開示のスピードを急がせるのは無理を生じさせ、危険だと思う。クライエントは不安が高く、自己開示を早める方が望ましいと思い支援者の好奇心をそそらせるかもしれないが、安易にその流れに乗ると収拾がつかなくなるときもある。

クライエント自身が戸惑いのなかで話しているのであるから、聞き流すことも、反対に急ぎ過ぎてもいけない。クライエントは自分の被害体験を話すことで、カウンセラーにどう思われているか、内心非常に気にしている。その感情は実に微妙で繊細である。驚きやねぎらい、慰めの言葉を選んで返したつもりでも、被害者はきちんと受けとめられていないと感じてしまう。「こんなひどい被害体験を、そう簡単に分かるはずがない」「カウンセラーは、被害体験がないから、そんなに穏やかでいられるんだ」「こうやって話すまで私の心の傷に気がつかないなんて、だめなカウンセラーじゃないか」「被害を受けたと知って、カウンセラーは自分を避けたり見放したりするのではないか」などと被害者の感情はかなり揺れ動く。

何度も被害を話した経験のある被害者のなかには、学習性無力感に打ちひしがれている場合も多い。学習性無力感とは、通常は学習可能なことであっても、初めに不可避な嫌悪事態を経験することによって、学習が不可能になってしまうことをさす。初期の失敗の繰り返しは、「何をしてもしかたがない」状態として経験され、その後の学習が別の事態（場面）におけるものであるとしても、その学習効果を著しく低下せしめる可能性を暗示している。[14] 要するに、何度も失敗体験を繰り返すことにより、他の場面でも諦めやすく、どうせ話しても無駄だろうと期待をしないことである。ある意味では、傷つくことから自分を守る防衛機制とも言える。

学習性無力感は被害体験の重さにも左右される。被害体験に圧倒されてしまい、カウンセラーの対処能力を超えるような場合は、カウンセラーが学習性無力感を感じ、支援が困難になる場合もある。この壁を乗り越えるためにクライエントとカウンセラーがラポールを築くのは、カウンセリング過程の重要な作業といえる。

カウンセラーは被害体験を聞くことによって、当初の「見立て」や「心理診断」が異なることもあるだろう。それは修正すればいいことである。もしくは被害体験を知ることで、クライエントの症状がより理解できることもあるだろう。

ただし、「被害者相談」をチームで取り組んでいない場合は、カウンセラーがクライエントに提供できる心理的・社会的サービスの範囲が狭くなるので、ほかの機関との連携や被害者相談の専門家との交流を開始したほうがいいだろう。

第三節　性被害者への支援

1　性被害の複雑さ

通常のカウンセリングでも、カウンセラーの性差の影響は多少なりともあると思われる。性差を個人差のなかに取り込んで考えた方が、むしろすっきりするかもしれない。もちろん、カウンセラーの違いや差について挙げるときりがない。技法、経験、センス、外見的特性など影響要因は非常に複雑だ。

ここで性差を問題にしたのは、特に「性被害」の被害者である。女性が強姦をされたり、小さい頃から性的虐待を受けていたと体験を話しやすいのは、どうやら女性のカウンセラーが多いせいではないかと思う。たまたま知っている被害者相談の専門家の多くが、女性であるからかもしれないが……。

逆差別という批判を受けるかもしれないが、筆者はカウンセラーと知り合いになると、率直に性被害のカウンセリングを行なったことがあるか、または請け負う準備はできているかと尋ねることにしている。本当に知りたいのは、カウンセラー自身がもっている性に対する構えであり、価値の問題である。これは、職業現場だからと割り切れる問題でない気がしてならないからだ。性被害者のカウンセリングを行なうカウンセラーは、自分のなかの「性」の価値やイメージ、ファンタジーと徹底的に向き合う必要性を感じる。この意味は、道徳的な態度や宗教的な寛容を求めているわけではない。性にはタブーがつきものだし、性被害にはさらなるタブーがつきまとう。被害に差をつけてしまう視点を取り除くための大変な作業を、カウンセラー自身が避けてはいけない。

いわれなき殺人の被害者遺族、通り魔の被害者など、「何の落ち度もないのに」という被害者の声はもっともである。しかし、これほど被害者支援が叫ばれながら、性被害者の声はなんとか細いことか。どうしてそうなるのか、社会が考え、被害者が考え、支援者が考えていかなければならないだろう。

2 強姦についての誤った社会通念

強姦についての俗説を列挙してみるので、自分がいくつ信じているかチェックしてみて欲しい。米国ワシントン特別区にあるレイプ・クライシス・センターのトレーニング・マニュアルである。この項目の詳細は、小西が記述している。[15]

(1) 強姦はたいしたことではない。単なるセックスにすぎない。
(2) 強姦は若い女性にだけ起きることだ。
(3) 強姦は自分が招いたことだ。なれなれしい態度や挑発的な人だけが被害者になる。
(4) 女性のなかには強姦のファンタジーをもっている人もいる。

（5）挑発的な服装が強姦を招く。
（6）抵抗すれば強姦は防げる。
（7）たいていの強姦は衝動的なもので，加害者は女性をみると襲いたくなる。
（8）強姦の加害者は見ず知らずの人である。
（9）強姦の加害者は異常者である。
（10）男性はセックスなしでいられないから強姦する。

さて，読者の皆さんはいくつの俗説を信じていただろうか。

もし被害者相談をするとなれば，性被害の俗説だけでなく，被害全般に関する俗説にカウンセラー自身が染まっていないかどうかを確かめることを勧める。加害者が性犯罪に駆り立てられるメカニズムを理解することは，被害者の心理を理解するにも役立つ。藤岡は，加害者が性暴力に至るメカニズムを矯正現場の経験から実に説得力を持って示しているので参考にされるとよいだろう[16]。

3　性被害者の傷つきやすさ

社会では，まるで性被害者には何らかの落ち度があったのではないかという，うっすらとした偏見と差別を感じつつも，しかし言語化してはまずいのではないかという状況がまかり通っている。

性被害者はさらなる被害を受けやすい脆弱性を持っている。それは，一見問題行動として扱われてしまう危険をはらんでいる。強姦の被害に遭ったある女性は「自分が汚れてしまった」「まるで自分が物みたいだ」「自分の身体も心も腐敗していく、腐敗臭がする」と訴えていた。被害者は自分の価値を確認したい衝動にかられ、その方法を模索する。そこで、カウンセラーとクライエントの関係のなかにおいて、性の誘惑的な雰囲気が漂っても不思議ではない。カウンセラーが、その本質を見つめていないと巻き込まれ、被害者をさらに傷つけることになりかねない。カウンセリング場面の内外でのアクティング・アウトを完全には防ぎきれないが、対応策は持っておかねばならない。

女性の性被害者に対し、女性である立場で言うことができることはあると思う。残念だが、多くの成人女性はこれまでに、露出症や痴漢など、少なからず性被害を受けた経験がある。職場での、セクシャルハラスメントも未だに減ってはいない。そういう意味では、被害者の気持ちに少しでも寄り添える土壌を、女性カウンセラーの方が持っているというのは現実であろう。もちろん、男性カウンセラーに被害感情が分からないなどと言うつもりはないが、「できる」と断言されると、正直言って気持ちが引いてしまう。

本当は、社会全体の流れはまだ決して被害者の立場を、全面的に容認・保護してくれている状態にないのではなかろうか。そこに支援者が、疑問や不安を持っていてほしいという素朴な期待である。

これは、カウンセラーだけの問題とは限らない。警察に「被害届け」を出したあとの、事情聴取の様子を聴くと、大変な状況が待ち受けている。筆者も警察官の教育・研修に携わっているが、被害者が気持ちを理解してもらうのは容易ではない。どうやら、担当が女性警察官だから、男性警察官だからの問題だけではないようである。どうしても法的な手続きに注目しすぎ、被害者感情が後回しとなるのである。警察官は、被害者の立場になり、賢明に職務を全うしているつもりでも、被害者がさらに傷つくことはしばしば経験する。

その事件が強姦なのか条例違反かで警察の対応策が違うというのだが、被害者にそのようなことがすぐに理解できようはずがない。まだ恐怖と衝撃に包まれた被害者は、繰り返し事態の正確な経緯を問われる。「いつ」「どこで」「どのように」「それから」と、記憶は断片的で曖昧で、時間的な前後も判然としない状態での聴取である。「どうして逃げなかったのか」「助けを求める声は出したのか」「なぜすぐに警察に届けなかったのか」「相手は知り合いか」「性的経験は初めてなのか」という質問に耐えなければならなかった被害者の恥辱、怒りと無力感は、聴いているカウンセラーも絶句してしまう。

産婦人科での検査、それから「まだ、犯人が近隣をうろついているかもしれない」とパトカーに乗せられて町中を走り回る。先ほどまで自分を恐怖に陥れていた加害者を相手に捜さなければならないのだ。そこには被害者の安全はなく、「ただ、何が何だかわけが分からなかった」と当時を振り返る。

一方、強姦の被害者がカウンセリングの結果、被害届けを出す決意をして警察に出向いたところ、対応した警察官に「強姦の加害者は、治らないんだよねえ。つかまって刑務所に入っても、出てきたらまた繰り返すんだよ」と言われ、その場で崩れ落ちたクライエント。「自分の決意は、いったい何だったのか、被害届けを出す意味はないのでしょうか」と悲しむ。

ジュディス・ハーマンの『心的外傷と回復』を翻訳した精神科医の中井は、女性の性の被害体験の加害者が男性によるものが多く、その箇所では翻訳の作業が大変苦しいものとなったと述べている[17]。翻訳という仕事がこのような困難さをもつものであれば、実際のカウンセリングではもっと厳しい状況が予想されるであろう。

4　男性の性被害

「男性が、性被害を受けていることが意外に多い」と教えてくれたのは、犯罪の矯正現場の人だった。矯正場面で出会う非行や犯罪を犯した男性の少年や成人のなかには、過去に性的被害を受けている ることを告白する人がかなり存在するというのである。しかもその被害体験は、女性の被害者より他者に話しづらいらしい。男性であるがゆえに、被害者の立場をとりにくいのだとすれば、援助を受けにくいのは当然だろう。その屈辱感や恐怖、おとしめられた自尊心を何かの方法で回復させないといけない。被害男性のフラストレーションが、いつかさらに弱者への加害行動につながらないとはいえない。

加害者はほとんどが男性である場合が多く、被害少年らはなおさらその事実を隠し、自分の心の傷をないことのように振る舞う。身体的な苦痛、怒り、恥辱、恐怖、無力感を心の奥にため込んでいく。その被害の心情を思うと、いかに自己開示が難しいか言葉を失う。女性の被害者と変わらないだろうと察するが、社会の通念が男性被害者をより追い込んでいるのかもしれない。

医局で、ある男性精神科医に右記のような事実があることを話していたところ、しばらくして「僕の経験もそうかなあ……、小学生低学年の頃によく通っていた近所のパン屋におやつを買い行くと、店の奥から必ず店主の男性が出てきて『いい子だねえ』と言い、毎回自分の陰部をギュッと握られていたんだ。よくその意味が分からなくて、しばらく黙っていたんだ。でもやっぱりとてもイヤな気持ちで、意を決して二歳年上の兄にそのことを話したら、同じ経験をしていたことが分かって驚いた。ついに兄弟で相談して母親にそのことを告げたら、母親は激怒し、そのパン屋には絶対に行ってはいけないと禁じられたなあ……」と語ってくれた。

もうずっと昔のことで、すっかり忘れていたというのである。性被害の話題が、遠い記憶を呼び起こしたようだ。その男性精神科医のなかでは、それは大したことではないという認知に変化し、やがて記憶の奥にしまいこまれていたようだった。幸いにも兄に相談でき、母親に告げたことが、それ以上の被害を予防したのだろう。しかし、そのことを思い出したその精神医は、長いあいだその事件を忘れていた自分に驚いていた。

この精神科医の経験からも、通常の暮らしをしている男性でも、実は性被害を受けている人が多いのかもしれないという実感がわいてきた。男性（子どもも大人も）は性被害に遭わないというのも神話に過ぎない。

話はもとにもどるが、男性カウンセラーは男性の性被害者なら請け負えるのだろうか。加害者が男性で被害者も男性の場合、それはそれで被害者のなかに複雑な葛藤が生じるだろう。筆者は、まだ男性の性被害者とのカウンセリングを経験したことがない。その心情がなぞれるか充分な自信はない。

いずれにせよ、カウンセラー自身や被害者の性差を超えて、性被害者のカウンセリングができるような教育システムは必要だと感じている。くどいようだが、女性のカウンセラーだから、男性のカウンセラーだからと言っているのではないことを理解して欲しい。このようなむずかしい被害相談を引き受けることのできる支援者側の層の厚さがないと、被害者が相談する相手の選択の余地がないという窮地に追い込まれてしまうことをもっとも危惧しているのである。

5　カウンセラーの傷つき

カウンセラーの感情にも触れたいと思う。筆者が性暴力の被害者と接したことによって、実際に経験したことだ。まだ充分に整理できていないが、重要な意味を持つと判断したのであえて記述に踏み切った。もしかすると他のカウンセラーも経験するかもしれないので、「危機管理」の意味をこめて自己開示することにした。カウンセラーの二次受傷については、第8章に具体的対策が示されている。

先にも述べたように、自然災害や人的災害、家族間や夫婦間の紛争など、かなり厳しい臨床現場を体験してきていると感じていた。そして被災者や被害の実態を知れば知るほど、ある意味でカウンセラー自身が傷つくのを恐れて、感情が鈍化していくのではないかと不安になった時期もあった。何かに執着したり愛着を持ったりすることは、失うことにつながるのではないかと怖れを抱いたのも事実である。けれども、次のような体験をしてみて、衝撃が鈍化することはないことを身をもって感じさせられた。

ある日、強姦被害の二十歳代前半の女性が、両親に連れられてカウンセリングに訪れた。これはカウンセラーである筆者の内的世界の記述が目的なので、ケースの内容は数例の寄せ集めと考えて欲しい。

約束の時間より早めについた両親とクライエントの女性は、待合室で少し待ってもらうことになった。

しかしクライエントは落ち着かず、カウンセラーの部屋までその混乱した声が聞こえてきた。両親は、強姦事件が起きてから被害者である娘につきっきりで対応していた。しかも一方では、警察への対応、民事訴訟の準備と憔悴していた。クライエントは犯人が逮捕されたため、犯人の顔の確認を求められて応じている。それから多様な症状に悩まされて、近所の精神科クリニックで薬物療法を受けていたという。

とにかくクライエントに両親とともに部屋に入ってもらった。待合室で待っているときから落ち着きがなく、時折悲鳴のような奇声をあげる。両親が事情を話そうとしても、カウンセリング室を歩き回ったり、出て行ったりしようとする。クライエントは、フラッシュバックとそれに伴う頭痛、夜(暗闇)への恐怖が強く、時折瞳がグルリと回転して数秒気を失ったように「解離」の症状も見られる。名前を呼ぶと、すぐに意識を取り戻すが、混乱は収まらない。

その段階では言語的なカウンセリングが無理と判断し、隣接の精神科病院の精神科医に連携を依頼し、鎮静のための医療を行なった。両親も、家では我慢しているのか、こんなにひどく混乱することはなかったと告げられた。本人は両親にひどく心配をかけ、自分のために家族が困っているのがつらいが自分の症状も収まらず、「とにかく入院がしたい」と言い出す。「家に帰りたくない」イヤイヤと首を振り、幼児的な振る舞いと言葉で抵抗する。やっとのことで説得して点滴を行ない、母親にその間そばについていてもらった。強姦被害にあった女性を処置のためとはいえ、力で押さえ込むようにしなければいけなかった体験は、被害と同じ状況を再現するようで抵抗があり、つらいものがあった。

クライエントが点滴を受けているあいだ、もう一人のカウンセラーにクライエントのそばについてもらった。そして、その間、両親が書き記した強姦事件の詳細なバインダーノートを急いで読んだ。事件当日の数時間のことが、拉致から数度にわたる強姦、解放までのいきさつ、被害届け、事情聴取、犯人逮捕、犯人確認の手続きが実にリアルに記載されていた。両親が裁判の資料として準備したものらしい。ノートを読んでみると、クライエントがPTSDを引き起こして当然の余りにもつらく過酷な内容だった。その日は、とりあえずクライエントを沈静化させ、次回の予約を両親と話し合って帰宅させた。そして、いつものようにスタッフのカウンセラーとデブリーフィングを終えて帰宅した。

それから三日後に、筆者はひどい悪夢にうなされた。左記は、その夢の内容である。

真夜中、眠っているときだった。物音がして目が醒め、音のする方に首をゆっくり傾けると、いつもはきちんと締めてある窓の鍵がなぜか閉まっていない。そこに黒い人影を見た。ところが、自分はベッドから窓を見ているだけで全く身動きがとれないし、声を出すこともできない。犯人は、中年の男性でニタニタ笑いながら、やすやすと窓を開けて部屋に侵入してきた。抵抗しようと思っても身体が動かせず、かすれ声を出すのがやっとである。誰かに聞こえるはずもない小さな声しかでない。あっという間に布団でグルリと全身を巻き込まれ、馬乗りになられた。こんな男に負けるものかと必死で抵抗するが、身体が固まってしまっている。ずいぶんとうなされていたような気がする。そこで夢は終わった。目が覚めると、全身が汗びっしょりで、何が起きたか理解できず、しばらく呆然としてしまった。

クライエントの実際の事件内容と状況はかなり違った内容であったが、怒りと恐怖、身体的にも心理的にも襲ってきた無力感は想像もしていないものであった。急遽、スタッフのカウンセラーに連絡を取り、自分自身の夢を聞いてもらい、安全と安心を確認し、ようやく落ち着くことができたのであった。クライエントとの場面では、目の前に迫った緊急の対応に追われ、強い緊張感もあったのだろう。そのため、自分がこれほど侵略されていたと思ってもみなかった。この夢を見たことで、トラウマに慣れることはないことを改めて知らされた。

第四節　被害者相談の目標

1　苦痛の軽減という目標と被害者の歩み

被害者が、今の苦しみから抜けたいと思うのは当然だが、反面、被害者は心が癒えたり問題がなくなることへの罪悪感もある。苦痛や痛みの軽減は当面の目標だが、それがすべてではないらしい。なぜなら、つらい感情を保持し、強い自責感情や加害者への憎しみや怒りを持つことが、クライエントの「生命維持装置」であったりするからだ。

現実に、自分が苦しみから解放されることを拒否する被害者と出逢う。事故や犯罪の被害者遺族は、自分が楽になることが亡くなった被害者に申し訳ないと思う。一時でも亡くなった家族のことを忘れたり、生活に楽しみを見つけたりすることを厳しく律している。被害者の供養のために多くの課題を自分の生活に織り込み、それを生き甲斐としている人もいる。

人間の悲しみ方にはいろいろあることも認めなければならない。周囲の心のケアの押し売りは余計なお世話で迷惑かもしれない。気をつけなければいけないことだと思う。

被害者のピア（仲間）の支援グループも、自分たちは痛みを分かちあえる数少ない資源だと考えがちだが、状況とタイミングを見守る余裕が欲しい。もちろん被害者を孤立させることは危険だが、繊細な対応が求められることはカウンセラーと同様である。

被害者と親密な関係にあるはずの家族でさえ、心のすれ違いがある。分かっている、分かってほしいという関係の深さが、一歩間違うと激しい怒りと底知れぬ失望を招くからだ。

「どうして、分かってくれないのか」という、互いの思いは諸刃の剣となる。被害者の夫婦の離婚や家族の離散、恋人との別れなどは珍しい現象ではない。親密だからという思いは、攻撃性をぶつけやすくし、時どき関係性そのものが暴走してしまう。

このように、苦しみを取り除くことが被害者の人生の回復につながるという簡単な図式ではない。被害者に被害体験がなかった全く違う人生を与えることは不可能である。被害者も支援者も、一時的にはそのような思いを抱くかもしれない。しかし、そのような幻想はすぐに捨てなければいけないと気づかされる。

被害者支援の目標は断ち切れた人生をつなぐことにある。被害で止まってしまった心の時計を動かし、カレンダーをめくることにあるだろう。全く別の人生が待ち受けてはいないし、被害がなかったことにすることはできないが、それでも少しずつ時間を動かしていく。

被害者相談としてのアプローチが必要と判断した場合は、カウンセラーを少なくとも二人以上の複数で対応するよう心がけている。贅沢な環境と指摘を受けるかもしれないが、実際にクライエントとカウンセラー両方にとってこの利点は大きい。

クライエントの被害体験が壮絶であるとそれに圧倒されてしまうこともあり、当然その後でチームのスタッフと体験や感情の共有が必要になる。同席したカウンセラーに、カウンセリングの内容を記録してもらいながら、主たるカウンセラーの取りこぼした内容をカバーしてもらう。被害者の話は混乱が強いとまとまりがなく、話が飛び飛びになることがあるので、全体を通してつきあわせるのにも仲間のカウンセラーがいると心強い。

被害者の被害体験と傷つきは、カウンセラー二人で対応しても圧倒されるものである。

そしてときにクライエントがパニックになったり、フラッシュバックを起こしたりした場合、気分が悪くなったときなど、クライエントに付き添うカウンセラーと、毛布や飲み物を用意したり、医療機関との連携をとるスタッフが必要になるからだ。カウンセラーが一人だけで両方を担うことは難しい。クライエントを部屋に一人残すことはなるべく避けたい。

最初からカウンセラーが二人配置されていると、クライエント側の戸惑いは全くといっていいほどない。何度かカウンセラーが単独でカウンセリングを実施したあとでも、被害体験が如実になったとき、他のカウンセラーに加わってもらっても、事情を説明してクライエントの同意を得れば抵抗はないだろう。もちろんカウンセラー同士の相性がいいことや相互の信頼関係があることは基礎的な課題である。

こういった余裕のある体制は、家族への対応も充実したものになる。家族も被害を受けており、対応に苦慮している。被害者を支えるためにも、家族の協力は大きい資源となるだろう。提供できるサービスを惜しまず、安定した供給が基本である。カウンセラー自身のパワーが枯渇しないためには工夫である。二人のカウンセラーが配置できない、カウンセリング後のデブリーフィングができないなどの場合は、外部に何らかの専門的支援者を持つべきだろう。被害者相談に取り組む精神保健の専門家は徐々に増えてきているので、相互の連携を深めることが当面の目標だ。

ある女性のドメスティックバイオレンスの被害者が「ずっと下ばかり見ていたから分からなかったけど、今日ふと上を見たら、空がとても青くて木々の葉が色づいて、きれいだと思えました。感じることができて、少しだけうれしかった」と、カウンセリングの最後にぽつりと話して笑顔がこぼれた。暗い先の見えないトンネルの遠くに光がかすかに射した。被害者の心が癒えるということは、こういう日常のなにげない感覚を取り戻すプロセスであると筆者が感じた瞬間であった。

3 わが国の犯罪被害者保護に関する法的支援の現状

第一節　はじめに

犯罪被害者支援は、総合的多面的事業（multidisciplinary profession）である。[1] 被害者への支援は、一人の援助者または一つの援助機関で完結するものではない。人が犯罪から受ける被害は、身体的なものから、経済的、そして精神的なものまで多岐にわたる。したがって、被害者を支援するためには、医療、福祉、司法、行政などさまざまな分野の援助者や機関の関与が必要とされる。

わが国では、一九九〇年代前半より、事件後の刑事司法機関の対応が、被害者をさらに傷つけていたことが指摘されてきた。[2] その反省を踏まえ、制度運用の改善、法の整備等、一連の改革が始まっている。最近では、犯罪被害者等のいっそうの保護を目的とし、「刑事訴訟法及び検察審査会法の一部を改正する法律」（平成十二年法律第七四号。以下「刑訴法等改正法」という）、および「犯罪被害者等の保護を図るための刑事手続に付随する措置に関する法律」（平成十二年法律第七五号。以下「犯罪被害者保護法」という）が制定されたところである。

本章では、犯罪被害者の保護に関する法的支援制度を概観する。まず、刑事手続きのなかで、被害者にどのような地位が与えられてきたかを検討する。次に、被害者に関する法的支援制度を、情報提供、手続きにおける保護、手続きへの参加、そして経済保障の側面から考察していく。なお、加害者についての呼称は、刑事手続きの段階に応じて、「被疑者」「被告人」と変化していくが、本章では、混乱を避けるため「加害者」で統一を図ることにする。

第二節　刑事手続きにおける被害者の地位

ヨーロッパの古代・中世では、被害者*が自分の被った被害について、加害者に対し個人的に制裁を行なうことが認められていた時期があった。このように、被害者自らが私的制裁を行ない、「犯罪」の事後処理に主体的に関与できた時代は、「被害者の黄金時代」(3)と呼ばれる。

わが国では、明治六年の太政官布告「仇討禁止令」により、それまで私的制裁として認められていた仇討が法的に禁止された(4)。その後、近代法の特徴である民刑峻別の考え方が定着し、犯罪の結果も

＊　本稿で言う犯罪被害者とは、特別の区別がない限り、被害者本人およびその遺族を指す。

たらされる被害は、「国家に対する被害」と「被害者個人に対する被害」の二つに分けて考えられるようになった。そして、前者は刑事手続きの対象、後者は民事手続きの対象とされた。

犯罪とは、国家が定めた規範に対する違反行為であり、加害者への制裁は、刑罰として国家の手に委ねられる。刑事手続きは、「加害者対国家」の対決の場となり、国家権力によって責任を追及される加害者には、自ら国家に立ち向かうことが要求される。そのため、加害者には憲法でも、刑事訴訟法においても、自らを国家から防御する権利が保障される。その結果、被害者は事件の当事者であるにもかかわらず、国家と加害者との紛争解決に資する範囲でのみ、刑事手続きに関与が求められるにすぎなくなった。(5)

一方、被害者には、加害者を刑事的に制裁する権利が国家に剝奪された代わりに、自らの被害の回復を民事的に求める権利が与えられた。この権利は損害賠償請求権と呼ばれ、現在では被害者自身が加害者の責任を直接追求できる唯一の手段となっている。このように、国家と加害者によって刑事手続きが独占されたことで、被害者はその過程から疎外され、「忘れ去られた存在(6)」となってしまった。その結果、刑事手続きのなかでは、被害者ではなく加害者の権利保障のみに焦点が当てられることとなった。

しかしこのような被害者への対応は、刑事司法機関による二次被害の問題の顕在化、調査研究の蓄積、そして国際的な被害者支援への関心の高まりを契機として、見直しが図られるようになってきた。(7)

こうしてわが国の刑事手続きのなかでも、現在、被害者の地位の向上・保護を目指した法制度改革が行なわれている。以下では、被害者への情報提供、被害者の保護、被害者の刑事手続き参加、そして被害者への経済補償について概観していくことにしよう。

第三節　被害者への情報提供*

被害者が情報を受けることによって得られる利益には、

一、犯罪被害からの精神的回復が促進されること

二、財産上の損害が回復できること

三、同一加害者による再被害が防止されること

の三つが考えられる。(8)

まず被害者は、何故自分が被害者となったのか、事件がどのように起きたのかなどが明らかにされることで、事件に対し主体的に向きあうことができるようになる。被害者は、事件を早く忘れたいという気持ちを抱く一方、事件の真相を知りたいという欲求も有しており、情報の提供によって、立ち直りへ向けた一歩を踏み出すことができる。(9)

＊　被害者に提供される情報には、「加害者の身柄情報を含む刑事手続きに関する個別情報」と「被害者支援制度に関する一般情報」とがある。本節では、特に加害者のプライバシーや更生の利益と衝突する可能性のある「加害者の身柄情報を含む刑事手続きに関する個別情報」について考察する。

次に情報の提供は、犯罪によって被った財産的損害の回復を容易にする。犯罪被害者の損害の回復は、原則として民事の損害賠償請求による。そのためには、被害者自らが、裁判の場で加害者の責任を証明することが必要となる。しかし、国家権力を背景としない被害者が、加害者の責任を追求するには限界がある。その際に、刑事手続きで収集された事件の情報を利用することができれば、加害者の責任を追及しやすくなり、その結果、損害賠償請求が認められる可能性もより高くなる。

さらに、加害者の身柄に関する情報が被害者にもたらされることで、被害者を再被害から防止することができる。[10] 被害者は事件時のみならず、事件後も告訴により処罰意思を表明し、また証言により犯罪事実の認定を行なうことで加害者に関わることがある。そのため被害者は、加害者側の逆恨みによる報復の危険にさらされうる。実際、わが国でも一九九七年に、強姦致傷等の罪で服役していた元受刑者が、事件を通報した被害者を逆恨みし、出所後に殺害する事件が起きている。[11] そのような事態を防止するためには、加害者に関する一定の情報が被害者に提供される必要がある。

このように被害者は、情報が提供されることで多くの利益を享受できる。このことは国際的にも認知されており、被害者が情報を提供される権利は、「犯罪及び権力濫用の被害者のための司法の基本原則に関する宣言」(Declaration of Basic Principles of Justice of Crime and Abuse of Power)に明文化され、イギリスの新「被害者憲章」(Victim's Charter 1996) やアメリカの「被害者の権利章典」(Victim's Bill of Rights) にも掲げられている。

では、図3-1を参照しながら、わが国の刑事手続きの各段階における被害者への情報提供制度に

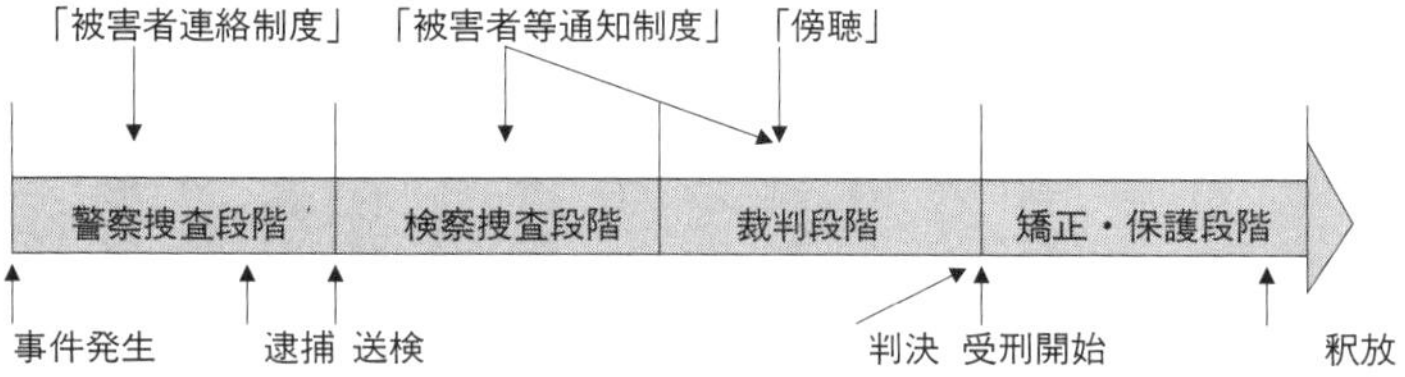

図3－1　被害者への情報提供（筆者作成）

ついて見ていく。

1　警察段階

警察は、検察などほかの刑事司法機関に先駆けて、被害者支援に組織的に取り組んできた。[12] まず、一九九六年に発表された「被害者対策要綱」（警察庁次長通達）では、被害者対策が「警察本来の業務」であることが明示された。さらに一九九九年には、法令レベルで警察の被害者支援対策を推進することを目的に、警察捜査の基本的規則である「犯罪捜査規範」（国家公安委員会規則）が改正された。この改正により、被害者支援が警察の責務であることが法令に規定され、被害者に対する配慮（犯罪捜査規範一〇条の二）、被害者への通知（一〇条の三）、被害者の保護（一一条一項）について法的根拠が与えられた。

被害者への情報提供については、「被害者連絡制度」が整備された。この制度により、殺人罪、傷害罪、強姦罪など人の身体に害を加える犯罪、ひき逃げ事件、そして交通死亡事故などの被害者に、捜査の状況、加害者を逮捕した場合にはその氏名や住所など、さらに検察庁に送致した加害者の起訴・不起訴の結果に関する情報が提供されている。

2 検察段階

加害者が起訴された後の情報については、検察庁によって提供されることになる。これまでも検察官は、告訴、告発がなされた事件については、起訴または不起訴の処分結果を、告訴人等に通知しなければならないことが法律で定められていた（刑事訴訟法二六〇条）。しかしこの規定以外に、被害者に処分情報が通知されるような規定は存在しなかった。そこで、被害者から、手続きの進捗状況に関する情報の要求が多いことを考慮し、検察庁でも、一九九九年四月に全国で「被害者等通知制度」を開始した。* この制度では、被害者や事件の目撃者などから希望がある場合に、検察官から、犯罪の種類に関係なく、事件の起訴・不起訴の結果、不起訴の理由、刑事裁判の結果、加害者の身柄の状況などが知らされる。(13) 対象となる犯罪の種類は限定されていないため、少年事件についても通知の対象となっている。

3 裁判段階

裁判段階の情報は、検察庁の通知制度によって被害者へ提供されているため、現在、裁判所が主体となって被害者に情報を積極的に提供するような制度は存在しない。ただし被害者が、裁判の段階で

---

* 地検ごとのレベルでは、一九九一年の福岡高検を始めとして、すでに取り組まれてきていた。

事件に関する情報を得る手段として「傍聴」がある。被害者にとって裁判の傍聴とは、自分が当事者となった、あるいは自分の親族が関わった事件の真相を直接知ることのできる重要な機会である。しかし被害者には、傍聴の機会が法律で保証されていたわけではない。希望者の多い裁判では、一般の傍聴希望者と同様に扱われることもあり、抽選にはずれて傍聴の機会が与えられないこともあった。そこで今回、犯罪被害者保護法に、「被害者に対する傍聴の配慮規定」が盛り込まれた。この規定により、裁判長には、被害者の傍聴について配慮をしなければならない法律上の義務が生じ（犯罪被害者保護法二条）、可能な限り、被害者には優先的に傍聴の機会が与えられることになった。

裁判に関する情報は、実際に傍聴を行なうほかに、裁判の記録を閲覧することで入手できる場合もある。これまでも、「確定した事件」の裁判記録は原則として誰でも閲覧することができ（刑事訴訟法五三条一項）、被害者も「刑事確定訴訟記録法」に従い、事後的に裁判の記録を閲覧し、事件に関する情報を得ることが可能であった。ところが、刑事裁判が未確定の場合には、関係者の名誉、裁判への影響等の問題があるため、裁判記録の閲覧・謄写は許されていなかった。その結果、裁判が長期にわたる場合には、被害者はいつまでも情報を入手できない状態に置かれていた。

しかし、刑事裁判と並行して損害賠償請求を起こしたい被害者にとって、加害者の責任を立証、追求するために、刑事事件の裁判記録が閲覧できることの利益は大きい。そこで刑事裁判の確定前であっても、記録を閲覧することに「正当な理由があり、相当と認められる場合」には、裁判記録の閲覧・謄写を認める規定が設けられた*（犯罪被害者保護法三条）。

4　矯正・保護段階

加害者のプライバシー保護や、社会復帰の利益が害される恐れがあるため、服役段階の加害者に関する情報は、現在、わが国では被害者に提供されていない。** しかし欧米では、被害者への再被害の可能性を考慮し、加害者がどのような施設で処遇を受けているのか、いつ仮釈放・釈放されるかなどの情報が、加害者の利益を損なわない範囲で被害者に提供されている。その例として、イギリス・アメリカの制度について見てみよう。

イギリスでは、一九九六年に制定された新「被害者憲章」に、被害者には矯正段階にある加害者の情報を提供される権利があることが明記された。そして、重大な性犯罪および暴力犯罪の被害者に対しては、加害者の処遇や釈放に関する情報が、希望に応じて保護観察官から提供されている。(14) またアメリカでは、連邦レベルで、「一九九〇年被害者の権利および賠償法」(Victims' Rights and Restitution Act of 1990) によって、被害者には、裁判所の手続きについて通知を受ける権利と加害者

---

* (前頁)なお、少年法の改正に伴い、被害者等による少年保護事件の記録の閲覧及び謄写が法律で明確に定められた(改正少年法五条の二)。
　また、少年審判は非公開のため被害者が審判を傍聴する機会を与えられていないことに配慮し、家庭裁判所が少年審判の結果等を被害者に通知する制度も導入された(改正少年法三一条の二)。

** この点につき、現在、法務省は新たな制度の整備を検討しはじめている。

についての情報を受ける権利があることが規定された。その結果、加害者の逮捕・起訴の有無、事実認定、量刑、処遇、仮釈放期日、釈放期日などの情報が、被害者に通知されるようになった[15]。州レベルでも、各州の「被害者の権利章典」のなかで、被害者には情報を提供される権利が認められており、加害者の釈放に関する情報も提供されている[16]。

第四節　被害者の保護――二次被害の防止について

これまで、刑事手続きに関与する被害者については、捜査や裁判のために「情報を提供する者」として、加害者による報復から保護される規定は存在した。しかし、刑事手続きに関わる被害者を、そのプロセスの苦痛から保護するような規定は存在しなかった。そこで、「刑事司法機関の対応により、手続きに関与する過程で被害者が精神的に更に傷つけられる」二次被害の問題が指摘されるようになった。

二次被害は、これまで性犯罪の被害者について特に問題とされてきた。性犯罪の被害者は、まず捜査の段階で、警察官や検察官によって思い出したくない被害の事実を詳細に尋ねられる。また、私生活にまで立ち入った質問がなされたり、行動を責められたり、加害者が取調べを受けるような聴取室で事情を聞かれたりすることもありうる。そのような対応は、犯罪の被害を受けたことで既に傷ついている被害者を、更に傷つけることになる。その結果、性犯罪の被害者のなかには、被害を届け出る

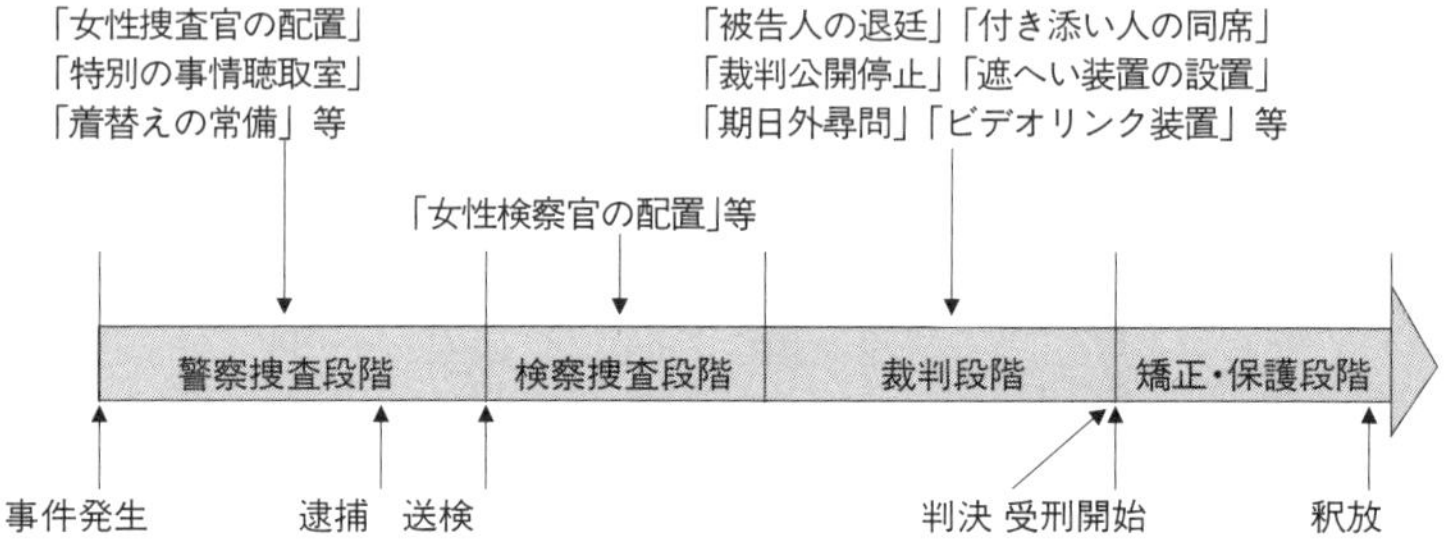

図３－２　被害者の保護（筆者作成）

ことをためらう者も出てくる。わが国の最近十年間の強姦（未遂を含む）の認知件数は、年間、約一五〇〇～一六〇〇件の間で推移してきた。[17] しかしこのような公式統計には、警察に報告されないため数値に表われない被害の「暗数」が多く存在する。たとえば、東京都の成人女性に対して行なわれた性被害調査では、強姦被害を受けた女性の七・九％、そして強姦未遂の被害を受けた女性の四・五％しか、警察に届け出ていないことが明らかになっている[*18]。

裁判の段階になると、被害者は加害者の面前、また傍聴人の面前で自己の被害について証言しなければならない。さらに自己の証言に対する加害者側の弁護人の厳しい質問にも答える必要がある。裁判に伴うこのような精神的苦痛を回避するため、告訴を取り下げる被害者もいる。実際、法務総合研究所で行なわれた調査では、証人

＊　被害者が被害を届け出ない理由が、すべて捜査や裁判に伴う精神的負担を回避するためではないということは留保しなければならない。たとえば加害者との関係が、被害者による被害申告や告訴をためらわせる要因になっていることも考えられる。前述の調査では、強姦の加害者の七四％が被害者と面識を有していたことが報告されている。

として出廷した強姦の被害者の八一・八％、強制わいせつの被害者の八三・三％が、出廷することと自体を負担と感じている[19]。

このように二次被害の実体が明らかにされるに従い、各機関ごとに対応策が講じられるようになった。以下では、図3－2を参照しながら、警察段階、検察段階、そして裁判段階に分けてその取り組みを概観していく。

1 警察段階

警察では、被害者が捜査の段階で受ける二次被害を防止するために、職員の意識改革に取り組むと同時に、さまざまな制度の改革を行なった。特に、二次被害が問題となる性犯罪の被害者については、きめ細かな対応がなされるようになってきている。その例として、被害者の希望に応じて女性警察官が事情聴取にあたれるよう人員を各警察署に配置したこと、被害者が心を落ち着かせられるよう特別な事情聴取用の部屋を用意したこと、そして被害時に着用していた衣服の代わりとなる着替え等を警察署に常備したことなどが挙げられる[20]。

またこれまでは、性犯罪の被害者が証拠採取のために病院で検査を受ける場合、初診料や診断書料等は被害者の負担となっていた。しかし、被害にあったことで身体的にも精神的にもショックを受けている被害者に、さらに証拠採取のために金銭的負担を強いることは、被害者保護の観点から妥当ではない。そこで、初診料や診断書料等を公費で負担する制度が全国的に開始されるようになった[21]。

2 検察段階

検察でも、警察段階と同じように、二次被害を防止するための取り組みが行なわれている。検察による事情聴取では、性犯罪の被害者の場合に、女性検察官が担当するケースも増加してきている。

3 裁判段階

被害者は、裁判の段階で証人として刑事手続きに関与する可能性がある。そしてその際に、証言を行なうことに苦痛を感じる被害者も存在する。この点を考慮し、まずは既存の法を運用することで、証人である被害者の保護が図られた。たとえば証言の間だけ、加害者を法廷から退出させる（刑事訴訟法三〇四条の二）、あるいは、証言の間だけ例外的に裁判の公開を停止し、傍聴人を法廷から退出させる（憲法八二条二項前段）といった規定の適用がこれにあたる。あるいは、裁判以外の日に、裁判所（刑事訴訟法二八一条）または裁判所以外の場所（刑事訴訟法一五八条一項）での証言を認める規定も例外的に適用されてきた。

しかしこれらの規定は、裁判の全プロセスにわたって、証人となった「被害者」を、加害者や傍聴人の圧迫や視線から保護するのに充分ではなかった。そこで、「刑訴法等改正法」では、被害者等に対して適切な配慮といっそうの保護を図ることを目的に、さらに改革が進められた。

まず裁判所で証言を行なうことに、著しく不安や緊張を覚える証人に対しては、裁判所の判断で、証言のあいだ親や心理カウンセラーなどを付き添い人として同席させることができるようになった（刑事訴訟法一五七条の二新設）。この規定は、特に被害者が児童であったり、性犯罪の被害を受けている場合に、証言を行なう心理的負担を軽減することを目的としている。

また、証人が相手の視線を気にせずに証言できるよう、裁判所の判断で、証人と加害者とのあいだに衝立などの遮へい装置を置けるようにした（刑事訴訟法一五七条の三、一項新設）。性犯罪の被害者が証人となる場合、加害者の面前で証言を行なうことに著しい精神的負担を感じる。法務総合研究所の調査でも、強姦被害者の六六・七％、強制わいせつ被害者の五四・五％が、加害者のいるところで証言を行なうことの負担を訴えている。[22]

さらに傍聴人の面前で証言を行なうことが、証人の精神的負担となり、その名誉に影響を及ぼすと認められるときには、証人と傍聴人との間にも遮へい措置を置くことができるようになった（刑事訴訟法一五七条の三、二項新設）。この規定は、性犯罪の裁判ばかりを傍聴する「性犯罪事件傍聴マニア」の好奇の視線から被害者を保護できるという観点から評価できる。

そして、強姦罪や強制わいせつ罪など特定の犯罪の被害者が証言を行なう場合には、同じ建物の別室に被害者を在席させ、ビデオリンクで法廷とつなぎ、モニターを通じて証言が行なえるようにした（刑事訴訟法一五七条の四、一項新設）。わが国でも児童の性的虐待事件が顕在化するに従い、捜査機関に認知され、加害者が起訴される件数は今後も増加していくと考えられる。それに伴い、児童が証人として裁判所へ呼ばれ、裁判で自分を性的に虐待した者に対して証言を行なう機会も増加する。こ

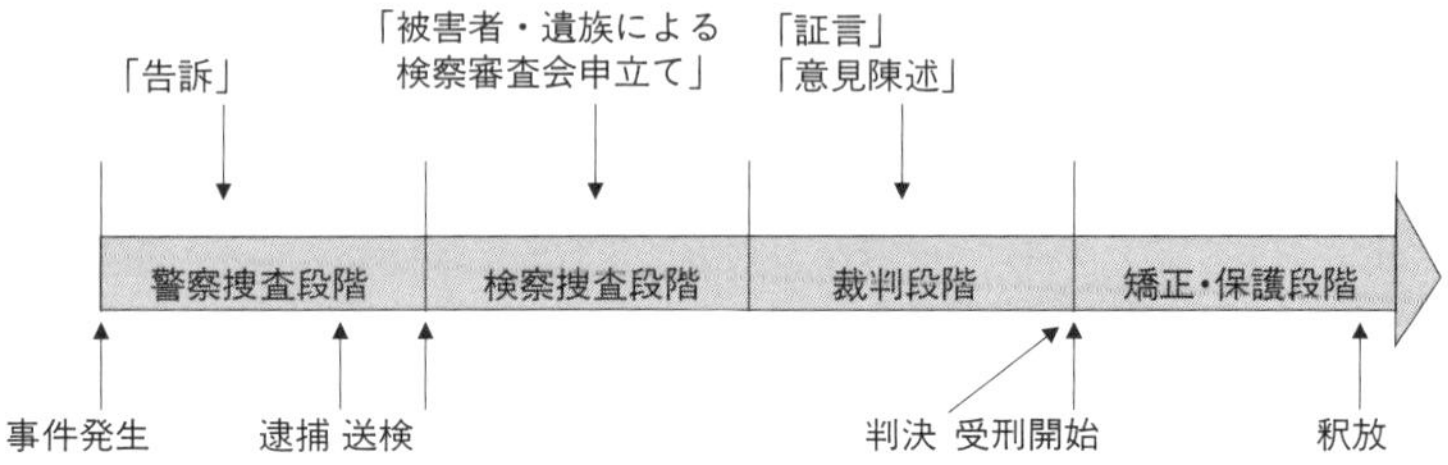

図3-3　被害者の刑事手続き参加（筆者作成）

の措置は、そのような児童の証言に伴う精神的負担も軽減しうるであろう。

なお性被害の被害者などが、同一の事実について、被害状況を繰り返し証言することの精神的負担が大きい点に配慮し、ビデオリンク方式で行なわれた証人尋問の状況は、ビデオテープなどに録画され、後の法廷で証拠として用いられる（刑事訴訟法一五七条の四、二項、三項新設*）。

第五節　被害者の刑事手続きへの参加

はじめに述べたように、刑事手続きが「国家による加害者処罰のシステム」として確立されているため、被害者は刑事手続きから疎外されてきた。その結果、告訴を行なったり、証言を行なうなど、加害者の処罰へ向けた情報提供者という役割でしか刑事手続きに関与できな

＊　ビデオリンク方式による証言については公布後一年六カ月以内に施行される。

かった。また、被害者が刑事手続きの過程で、自らの心境を述べる機会も保証されてはいなかった。しかし、被害者による刑事手続きへの関わりを認めることで、被害者の精神的充足が得られ、その結果、刑事手続きへの協力も得られやすくなることが刑事司法関係者のあいだで認識し始められた。このような観点から、被害者の刑事手続きへの関与が徐々に拡大されつつある。以下では、図3-3を参照しながら、捜査、加害者の起訴、そして裁判の各段階で、被害者にどのような関与が認められているのかを概観していく。

1 捜査段階

被害者には、捜査協力者として犯罪について告訴を行なう権利が認められている(刑事訴訟法二三〇条、二三一条)。告訴とは、捜査を行なう機関に対して犯罪の事実を申告し、加害者の処罰を求める意思を表わすことを言う。被害者による告訴は司法を動かす契機となり、告訴なしでは加害者を裁判にかけることができない強姦罪等の親告罪*の場合にもっとも意義を有する。これまで告訴は、犯人が誰であるかを知った日から六カ月以内にしか行なうことが認められておらず、この六カ月という期間

＊ 刑法では、次のような犯罪が親告罪とされている。信書開封(刑法一三三条)、秘密漏示(同、一三四条)、強制わいせつ(同、一七六条)、強姦(同、一七七条)、準強制わいせつ・準強姦(同、一七八条)、未成年略取及び誘拐(同、二二四条)、営利目的等略取及び誘拐(同、二二五条)、名誉毀損(同、二三〇条)、侮辱(同、二三一条)、私文書等毀棄(同、二五九条)、器物破損等(同、二六一条)、信書隠匿(同、二六三条)など。

の短さが、特に強姦罪や強制わいせつ罪といった性犯罪との関係で問題となってきた。性犯罪の被害者は、事件後の精神的なショックから回復するまでにかなりの時間を要する。また、被害者の家族が、性犯罪の加害者の場合もある。そのような場合に、六カ月という短い期間で告訴を行なうことは困難であろう。

そこでこのような状況を考慮し、「刑訴法等改正法」では、強制わいせつ罪および強姦罪を含む性犯罪について、告訴期間を撤廃することとした(刑事訴訟法二三五条、一項一号)。この規定により、性犯罪の被害者となった者は、強制わいせつ罪であれば五年、強姦罪であれば七年の公訴時効が完成するまで告訴を行なえるようになった。

2 起訴の段階

わが国では、加害者を起訴するか否かは、国家(検察官)により判断され(刑事訴訟法二四七条)、この判断に被害者が関与することは認められていない。たとえ被害者が加害者の処罰を望んでいたとしても、不起訴にされる場合があるし、親告罪以外の罪について、被害者が加害者の処罰を望まない場合でも、加害者は処罰されることがある。ただし被害者が、検察官が下した不起訴の決定に不服がある場合に、その決定の当否を求めて、検察審査会に申立てを行なうことは可能である。しかし被害者は、審査会に申立てを行なうのみで、自分の意見を述べる機会は認められていない。また検察官は、審査会の決定に必ずしも従う必要はなく、被害者の不服申立てが加害者の起訴を確実に左右するわけでもない。実際に検察審査会での起訴相当、不起訴不当の議決を参考に、起訴の手続きが行なわれた事件は、平成六年から平成十年の五年間で一九・三％にしかのぼっていない[23]。

なお、これまで被害者の遺族には、検察審査会への不服申立ての権利が認められていなかった。しかし、被害者の遺族が持つ加害者の処分への高い関心が考慮され、遺族にも申立権が認められることとなった（検察審査会法二条、三〇条改正）。これは刑事手続きにおける遺族の地位を高めた点で注目すべき事柄であろう。

3 裁判段階

これまでは被害者が裁判に関与する機会は、証言の場合に限られていた。被害者は裁判で、証人として犯罪事実や情状に関する証言を求められる。その際には、自らの被害感情や加害者への処罰感情を発言するよう促されることもある。しかしそのような機会はあくまでも、「与えられる」ものであり、被害者自らの意思で意見表明を行なう機会は保証されていなかった。そこで今回の「刑訴法等改正法」では、被害者が自分の被害について、気持ちや意見を裁判で述べることを可能とする新たな規定が設けられた（刑事訴訟法二九二条の二新設）。この規定の趣旨は、裁判が被害者の率直な意見等を踏まえたうえで行なわれるようにすること、そして加害者に被害者の気持ちを直接に聞かせることで、その反省を促すことにある。被害者の刑事手続き参加を、加害者への過剰な応報と連動させる考え方も存在するが、この新たな制度はあくまでも、刑事手続きのなかで疎外されてきた被害者に、適切な配慮を行なうことを目指すものである。*

イギリスやアメリカでは、裁判での意見陳述を越えて、加害者の起訴・不起訴に関する判断、あるいは加害者の量刑に関する判断に、被害者の関与を求める動きが見られる。イギリスでは、そのような声を反映し、一九九六年の新「被害者憲章」のなかで、被害者は犯罪により受けた影響を陳述する機会が付与される権利を有することが明記された。** アメリカでは、連邦レベルで、一九九七年に可決された「被害者の権利明確化法」(Victims' Rights Clarification Act)において、被害者が刑事司法手続に参加し、犯罪により被った影響を訴える権利(Victim Impact Statement)を有するということが明確にされた。州レベルでも、被害者が犯罪から被った影響について陳述することは認められている。

しかし、被害者の権利獲得に向けた改革を積極的に進めてきたアメリカでも、被害者の刑事手続き参加には賛否両論がある。[24] たしかに、被害者が刑事手続きへ参加することで、被害者の精神的回復が促進され、[25] また、刑事司法機関への協力が一層得られやすくなるとの声は高い。[26] その一方で、被害者の声が量刑や釈放に反映されることに伴い、刑の過剰な応報化、そして被害者への過重な負担がもた

* 少年法改正に伴い、少年事件についても、被害者から申し出があった場合に、家庭裁判所が被害感情や少年の処分について意見を聴取する制度が新設された(改正少年法九条の二)。

** しかしイギリスでは被害者の刑事手続き参加を認めることには慎重である。現在、被害者陳述(Victim Statements)の制度は、限られた地域で試験的に実施されているにすぎない。

らされることへの危惧が強く示されている。

第六節　経済補償

被害者は犯罪の被害を受けることで、身体的、精神的のみならず、経済的にも大きな苦痛や負担を強いられる。被害者は自己の損害回復のために、加害者に対し民事の損害賠償請求を起こすことが可能である。しかし、たとえ裁判に勝っても、加害者が無資力のため、損害賠償を受けられないことが多く、犯罪被害者の実質的被害回復の観点から、損害賠償制度は完全ではない。そこで犯罪行為によっていわれのない被害を受け、損害賠償も得られない被害者に対し、「社会連帯共助の精神」に基づいて損害の一部補塡を行ない、被害者の精神的・経済的負担を減らすことを目的として、国家による被害者保障制度が創設された。

一九七四年八月三十日、三菱重工ビルが爆破され、八人が死亡し、約三八〇人が負傷するという事件が起きた。無関係の通行人が多数巻き添えとなったこの事件をきっかけに、このような無差別テロ事件や通り魔事件などで不慮の死を遂げた犯罪被害者に対して、国家による救済制度を設置すべきとの世論が高まった。その結果、一九八〇年に、「犯罪被害者等給付金支給法」（以下、「犯給法」という）が制定され、生命や身体を害する犯罪行為によって思いがけず殺された者の遺族または重い障害を負った者には、国から、遺族給付金・障害給付金と呼ばれる見舞金的な一時金が支給されることとなった（犯給法一条、四条）。* 給付額であるが、一九九九年現在、遺族給付金は最低二二〇万円から最高一〇七九万円の範囲で、そして障害給付金は最低二三〇万円から最高一二七三万円の範囲で決定されている。なお、一九八一年の制度開始当初から一九九八年まで、一被害者あたりの平均支給裁定額は約三六六万円であった[27]。

日本の犯罪被害者等給付制度は、制度開始以来、概ね良好に運用されてきた[28]。しかし、一方で次のような問題点も指摘されている。

まず障害給付金の対象が、労災補償関係法令で規定されている第一級から第四級までの障害を負った者に限定されている（犯給法二条二項）。この規定により、第四級以上の障害は残らなかったものの、長期の入院加療を余儀なくされた被害者には、給付金が支給されないことになる。しかしそのような被害者のなかには、休職や退職を強いられ経済状況がひっ迫している者、日常生活に著しい支障をきたしている者もおり、このような被害者への経済的支援は急務を要する。

次に被害者への精神的被害にも、もっと目を向ける必要がある。精神的被害については、給付金の対象となる第四級の障害として、「神経系統の機能、または精神に著しい障害を残し、特に軽易な労務以外の労務に服することができないものであって、日常生活に著しい制限を受けるもの」（第四級

＊ 給付金の申請は、その者の住所地を管轄する都道府県公安委員会（窓口は警察本部または警察署）で、その犯罪被害を認知した日から二年以内、または、その犯罪被害が発生した日から七年以内に行われる必要がある（犯給法一〇条）。

の四）と規定されている。しかし障害が第四級に該当するほど重篤でなくても、治療やカウンセリングを恒常的に受けなければ、日常生活に支障を来す被害者もいる。このような被害者の現実に目を向け、給付の対象となる障害範囲の見直しを検討する余地はあろう。

さらにこの制度では、親族間で起きた犯罪の被害者は、原則として支給の対象とならず、たとえ支給されたとしても、給付額が三分の一に減額されうる（犯給法六条一項）。親族間の犯罪の場合には、給付金が加害者の手に渡る危険性があり、事実関係の認定が困難な点などがその理由である。しかし親族間であっても、たとえば別居中の夫婦など、実質的に関係が破綻している場合にまで、一律に支給対象外、あるいは減額対象と考えて良いかは議論の余地が残る。

このように、被害の実態および被害者の実情が明らかにされるにつれ、犯罪被害者等給付制度の見直しが求められるようになってきた。その結果、犯罪被害者等給付金支給法の一部を改正する法律が成立し、給付対象範囲が拡大され、また給付額も引き上げられることとなった。

わが国の現在の刑事手続きには、加害者に被害者への損害回復を行なわせる規定は存在しない。しかし本来、被害を負わせた責任が加害者にある以上、その回復は、加害者によってなされるべきとの議論もある。この点につき、イギリスやアメリカでは、国からの経済支援とは別に、人の生命・身体・財産に対する罪で有罪判決を言い渡された加害者には、刑罰として、被害者への損害賠償が命じられることがある。イギリスでは、「一九八八年刑事裁判法」（Criminal Justice Act 1988）で、裁判所に対し、死、傷害、損失、損害が生じたすべての事件について賠償命令の言い渡しを検討すること、および言い渡さない場合にはその理由を明らかにすることが義務づけられた。またアメリカの連邦では、一九九六年の「必要的被害者損害賠償法」(Mandatory Victims Restitution Act of 1996)で、暴力犯罪、詐欺、薬物犯罪など、ある一定の犯罪について損害賠償命令を言い渡すことが義務づけられた。州レベルでも、現在のところ、ほぼ全州で損害賠償命令制度が採用されている。わが国でこのような制度をそのまま導入することには、法制度の違いもあり検討を重ねる必要があるが、「加害者による被害者の損害回復」という理念は、今後、被害者支援の観点から法整備を進めるうえで参考になろう。

第七節　おわりに

今回の法改正、立法では、これまで刑事手続きのなかで「忘れ去られた存在」であった被害者を保護する規定が整備され、わが国の被害者への法的支援制度もようやくその緒に就いた。特に、刑事手続きに関与する被害者の二次被害を防止するための種々の規定は、これまで実態として表出することのなかった多くの被害を顕在化させる一助となりうるであろう。しかし、英米ですでに取り組みが始まっている、「矯正・保護段階にある加害者に関する情報提供」そして「刑事手続き内での加害者による被害者の損害回復」など、さらに検討すべき課題も残されている。これらの課題については、諸外国の取り組み、実態調査等を参考に、一日も早い解決が望まれる。

法改正や立法により制度を整備することが、被害者に対する法的支援の到達点ではない。これらの制度を、実際にどのように運用していくのかこそが重要である。制度を整備したことに安心し、画竜点睛を欠くことになってはならない。犯罪被害者支援という総合的多面的事業の一翼を法的支援が担うのだということを、関係者は常に想起する必要がある。

4

米国における被害者援助の歴史と現況

被害者支援の先進国とされている米国においては、犯罪被害者への支援がすでに社会的に認知され、被害者保護のための法的整備と被害者支援活動への公的資金投入が実現している。まず被害者援助の成り立ちと犯罪被害者援助の法的側面の整備について触れ、次に法的支援に比べ立ち遅れていたと思われる被害者への心理的援助について述べる。

第一節　米国における被害者援助の歴史

1　被害者援助

現在米国には、全国規模のものだけみても、全米被害者センター（National Victim Center）や飲酒運転に反対する母親たちの会（ＭＡＤＤ：Mothers Against Drunk Driving）、殺された子どもの親の会（ＰＯＭＣ：Parents of Murdered Children）などの被害の当事者による援助団体のほか、全米子ども虐待防止委員会（National Committee for Prevention of Child Abuse）、全米女性のための治安センター（National Center for Women & Policing）のように、被害当事者ではない、フェミニストやボランティアによる援助組織が多数ある。しかし、一九七〇年以前にはほとんど何もなかった。多くの被害者援助プログラムは一九七〇年代以降にできたものである。つまり被害者援助の最先進国でも被害者支援への全国的な取り組みが開始されてからわずか三十年ほどだということになる。

実践的な活動の源流は児童虐待防止の活動に見ることができる。ニューヨークにおける児童虐待防止運動は一九六〇年代にはじまっており、これが被害者援助活動の幕開けといえる。一九六四年にニューヨーク州で、児童虐待に関する法律が通過し、一九七四年の「連邦児童虐待法」（The Federal Child Abuse Act）が制定され、各州で通報法が成立した。その結果として、国立児童虐待ネグレクト・センターや民間の自助グループの団体が設立された。

児童虐待と並ぶもうひとつの被害者援助の源流としては、一九七〇年代の女性運動がある(1)（Aid for Victims of Crime）。一九七二年に、ミズーリ州セントルイス市の「犯罪の被害者のための補助者」、カリフォルニア州サンフランシスコ市の「強姦に反対する湾岸地区の女性達」（Bay Area Women Against Rape）とワシントンDCの「D・C・レイプ・クライシス・センター」（Rape Crisis Center, Washington, D. C.）が設立された(2)。これをきっかけとして、一九七〇年代後半には、多くの強姦救援センターが設立された。それらは、法施行・援助機関（LEAA : Law Enforcement

Assistance Administration）と全米強姦防止統制センター（National Center for the Prevention and Control of Rape of the National Institute of Mental Health）からの基金を受けていた。

一九七三から七四年にかけては配偶者からの暴力の被害者の支援も行なわれるようになっており、緊急一時避難場所としてのシェルター運営の資金は、就業訓練機関（Comprehensive Employment and Training Administration：CETA）から支給された[3]。

このように米国の被害者援助活動の特徴は、その起源を草の根レベルの活動に持ち、自助の色彩が強い[4]。またこれらの被害者援助活動の組織のリーダーやボランティアの多くが、自身が強姦や虐待の被害者であったことも特色である。

2　犯罪被害者施策

次に被害者に関する法制度の整備について概観する。法律における被害者について言及した論文の多くは、『ハムラビ法典』を最初に引用している。同法典は、世界最古の成文法にもかかわらず、被害者が直接的に加害者に関与することが許されているということが明確に記述されているからであろう。

『ハムラビ法典』は、刑法の分野では、「目には目を、歯には歯を」のタリオ（同害報復）の原則に貫かれ、被害者の身分によって刑罰を異にする階級法の性格があること、などが特色である[5]。また『ハムラビ法典』では、被害者をその家族と回りのコミュニティが支えることを義務とした[6]。

ヨーロッパ中世においては国家の権力が増大し、刑罰が私的制裁の色を弱め、やがて刑事責任と民事責任の別がはじまったのである。国家が加害者に対しての刑罰権を引き受け、被害者は刑事司法システムにおいて証人の地位しか与えられなくなったのである。(7)つまり、法廷において被害者が加害者と直接的に刑罰や補償について意見を述べる権利が奪われたこと、もし加害者から被害に対しての補償を求めるのなら、国家が対応するのではなく、被害者自身が民事裁判をおこす手続きをしなければならないことを意味する。被害者は、加害者への刑罰権を行使する刑事責任を問う権利を奪われ、被害者が生活するうえでの権利である民事責任のみ本人の意思により加害者へ追求できるのみとなってしまったのである。この刑事責任と民事責任の別が、現在の被害者援助の政策を考えるうえで、最大の問題となっている。(8)

ここ三十年に米国での法的整備に拍車がかかったのは、そのほかの欧米諸国にも見られる犯罪被害者援助活動の発展および米国における犯罪件数の増加の両方の要因があると考えられる。ここでは、犯罪被害者援助の法的整備の歴史について、この二点からのべる。

一九五〇年代にイギリスで、被害者に対する国家補償制度について議会で検討が始まった。これを契機として、その動きは米国、オーストラリア、カナダなどに普及した。

米国では、今世紀半ばからの主要な犯罪の認知件数は一九六〇年代後半より急増し、一九八〇年をピークに一九九〇年まで横ばいが続き、一九九二年から減少に転じている。(9)

犯罪が急増した一九六〇年代に犯罪被害の問題はもっとも深刻な社会問題の一つとして認識される

ようになった。

一九六〇年代半ば頃から実施された種々の犯罪被害実態調査により、一部の被害者は、被害通報による加害者からの報復をおそれており無神経な取り扱いを受けたために法執行機関に対する不信感を抱いているという指摘がなされるようになった。これを除去するための被害者施策が刑事司法の効果的な運営のために重要であるとの認識が生まれた。

一九六五年に、最初の犯罪被害者補償プログラム（the Crime Victim Compensation Program）がカリフォルニア州に設立されている。

一九七〇年には、新たにニューヨーク、ハワイ、マサチューセッツ、メリーランド、ヴァージニアの五州に犯罪被害者補償プログラムが設立された(10)。

一九八二年に、レーガン大統領が任命した「犯罪被害者に関する大統領特別委員会」（President's Task Force on Victims of Crime）は、犯罪被害者の実態調査を行なった。委員会は、犯罪被害の実態や被害者のニーズが無視されているという調査結果をもとに、刑事司法機関だけでなく被害者に関係するすべての機関に対し、被害者の保護および法的地位の向上等に関する六十八項目の勧告を行なう最終報告書（一九八二年）を発表した。この後、連邦政府はこれらの勧告を実現するため、司法省に犯罪被害者対策室（Office for Victim of Crime）を設置し、被害者証人保護法（Victim and Witness Protection Act）（一九八二年）を立法した。被害者と係わる連邦刑事司法当局者のための基本的政策などを規定した、被害者および証人支援のための司法長官ガイドライン（Attorney General Guidelines for Victim and Witness Assistance：AG Guideline）（一九八三年）を発表し、さらに連邦犯罪被害者法（VOCA：Victims of Crime Act）（一九八四年）等の立法を順次行なって、連邦犯罪の被害者の保護について規定するとともに、各種の被害者支援のプログラムに対する財政的基盤の整備等を図っている。

一九八〇年代後半から一九九〇年はじめに急増する少年犯罪事件とストーキング事件は、全米的な注目を浴びた。ここでは一九九〇年以降、米国が早急に被害者の権利擁護のために立法化した、反ストーキング法とミーガン法についてふれる。

一九八〇年代以前は、ストーキングは、単純な嫌がらせや家庭内暴力の範疇に属する問題であった。しかし一九八〇年代、九〇年代に入ると、ディビット・レタマンやジョディー・フォスターなどの有名人がストーカー被害にあったり、映画『危険な情事』『ケープ・フィアー』『スリーピング・ウィズ・エネミー』などによって社会の関心が高まり、ストーキングは、犯罪として認識されるようになった。そして一九九〇年に初めて反ストーキング法がカリフォルニア州で立法化される。一九九三年九月には、全州が反ストーキング法を持ち、一九九六年には米国下院において反ストーキング法を連邦法と設定した。

反ストーキング法は州によって異なるが、①ストーキング事件では、場合によっては警官に逮捕状発行を許す、②場合によってはストーカーに対して保釈金を認めない犯罪とする、③自動的に緊急保護命令を発行することができる、④ストーカーに対して精神鑑定を義務づける、⑤被害者が未成年だった場合、通常より懲役を長くする、⑥ストーカーが再犯罪を犯した場合、罪を重くするといった対応を行なっている。

一九九四年の「暴力犯罪規制および法執行法」(Violent Crime Control and Law Enforcement Act) の可決によって、性的暴力、家庭内暴力、性的搾取、児童虐待、遠隔取引詐欺の被害者に対して新たな権利が与えられた。その一部として「ジェイコブ・ウェッタリング子どもに対する犯罪と性的暴力犯罪者法」(Jacob Wettering Crime Against Children and Sexual Violent Offender Act) が制定された。そしてこの法律は、一九九六年に「連邦ミーガン法」(Meagan's Law) に改正された。[11]

ミーガン法は、一九九四年に当時七歳の少女、ミーガン・カンカが近所に住む性犯罪常習者に殺害されたのがきっかけになってできた法律である。

ニュージャージー州の住宅街で、ミーガンが友人の家に遊びに行ったが不在だったため、そのまま帰宅した。ミーガンが犬が好きであることを知っていた加害者は、彼女の様子をずっと見ていた。そして自分の家に子犬がいるが見に来ないかと誘い、レイプして殺害したというものである。この後、犯人が捕まり、性犯罪の常習者(カンザス州においても七歳の少女の首を締めたり、五歳の少女を襲うなどの前歴があった)であることが分かった。

ミーガンの両親が、当局がその事実を知っていたならば、当局は地域にその事実を知らせる義務があると主張して、それがついには法制定にまでいたったのである。

ミーガン法は、性犯罪者・幼児犯罪者などがある地域に住むことになったときに、当該地域の当局は、住民にその事実を知らせるという法である。州によっては、性犯罪常習者の顔写真を含め、犯罪歴を書いた情報をインターネットのホームページで報道するという。つまり全世界から見ることができるということである。また役所や警察署にいけば見ることができるという州もあるし、テレビや報道、CD-ROMを流布させる、などという州もある。

イギリスでは、一九九七年に「犯罪者法」(the Sex Offenders Act) が制定された。強姦、強制猥褻などの性犯罪により有罪判決、警告処分になった日から十四日以内に氏名、住所、生年月日を警察に登録することが義務づけられている[12]。

アメリカでは二〇〇〇年に、州ごとにばらつきのある状態から、連邦法として統一的にアメリカ全土で実施されることになった。

同年クリントン大統領は、暴力犯罪事件における被害弁償を強化するべく、反テロリズム法 (Antiterrorism Act) に署名をした。

3 犯罪被害者の権利

一九八〇年代の初めから、米国の各州で犯罪被害者に対し、刑事司法において公正でかつ被害者の尊厳とプライバシーを尊重した取扱いを受ける権利、手続き、その他に関する情報提供を受ける権利、公判手続きに在廷する権利、加害者からの威迫・報復などからの保護を受ける権利、被害弁償などを受ける権利などを認め、これを被害者の権利章典（Victim's Bill of Rights）という形で、法律に制定する動きが拡大した。当初は、制定したのは、わずか四州のみであったが、一九九八年までには全州が制定しており、うち三十三州は、憲法上の命令によって被害者の権利を強化している。

ここ二十年にわたって、米国における犯罪被害者の権利をめぐる立法化の動向はめざましく、犯罪被害者のための諸法律が数多く制定されてきている。このような動きが日本でも紹介され、二〇〇〇年五月に「犯罪被害者等の保護を図るための刑事手続きに付随する措置に関する法律」が制定されたことは記憶に新しい。裁判記録の閲覧、コピーのほか、傍聴への配慮、被告との示談を記載した公判調書で、賠償取り立ての強制執行が可能となる規定も盛り込まれている。

4 犯罪被害者補償制度

米国における犯罪被害者補償制度は各州で運営されている。一九六五年にカリフォルニア州において、全米初の被害者補償制度が制定されて以後、各州に広まり、現在ではすべての州において被害者補償制度が設けられている。

一九八二年の委員会の勧告を受けて、一九八四年に成立した犯罪被害者法により、犯罪被害者基金（Crime Victims Fund）が設立され、一定の要件を満たした各州の犯罪被害補償プログラムおよび被害者支援プログラム等に補助金を交付している。この基金の財源は、連邦犯罪に係る罰金、没取保釈保証金、刑罰賦課金、および加害者が自分の犯罪を映画や本に公表することなどによって得られる利益の没収金等の預託によるものである。

米国における被害者補償制度は、暴力犯罪、飲酒運転、家庭内暴力などの被害者に対する経済的援助を行なうもので、心理的カウンセリング等を含む医療費、犯罪による身体的傷害によって失った賃金、殺人の場合の葬儀費および被扶養者の生活費等が補償の対象となるが、原則として犯罪による財産的損害は対象とならない。一九九六年において、全米で十一万人以上の犯罪被害者が総額約二億四千万ドルの補償を受けている。補償額の上限は、大半の州で一万五千ドルから二万五千ドルで、一人当たりの平均補償額は約二千ドルである。一九九七年度の供託金は総額三億六千三百ドルであった。

5　心理的援助

一九八〇年以前は、米国でもほとんどの心理学者は、刑事上の犯罪者に対しての研究、援助、トレーニングに力を注いできた。一九八〇年代に入ると、政府が「被害者権利」を政治のスローガンにあげはじめたことから、次第に心理学者やメンタルケアに従事している人達が犯罪や暴力の被害者に対して注目するようになった。

米国における被害者に対する心理的援助の発展は、前米国心理学学会長（APA：American Psychological Association）のマックス・シーガル（Max Siegel）博士が委員長を勤めた「犯罪と暴力に関する米国心理学会特別委員会」（APA Task Force on the Victims of Crime and Violence）

の設立によるところが大きい。この委員会は、レーガン大統領が任命した「犯罪被害者に関する大統領特別委員会」(President's Task Force on Victims of Crime) に二カ月遅れの一九八二年六月に設立された。一九九九年APAは、犯罪や暴力の被害者ではなく、家庭内暴力の被害者のための委員会 (APA Presidential Task Force on Violence And The Family) を持ち、家庭内暴力の難しさを報告している。

一九六〇年代、七〇年代は、前述のように全米各地に犯罪被害者の存在が認識されるようになった。犯罪や暴力とは、強盗や窃盗だけのことでなく、校内暴力や家庭内暴力 (児童虐待を含む) なども含むという新しい認識は、米国に大きな影響を与えた[13]。

これらの被害者に関する統計から米国での犯罪の実態が明らかになり、その犯罪の心理的影響についての研究が一九七〇年後半から、調査研究されるようになった。

いくつか代表的な研究を順に紹介する。第一の群は犯罪被害の精神的影響の重大さを示す研究である。犯罪被害の経験は、短期・長期的に甚大な精神的影響を及ぼす[14][15][16]。財産損失や身体への暴行より心理的ダメージの方が、被害者にとってより深刻な問題を引き起こす[17][18]。

これらの研究は犯罪被害に対する反応について客観的に説明することを可能にした。たとえば暴力は、人格の中枢的な部分にさえ影響を及ぼしストレスを生じさせる[19]。またストレス反応は、アンバランスな感覚や安全感の喪失、結果である[20][21][22]。

一方、個人の変数を重要視する研究もあった。破壊的で多様な経験は、被害者の病前の適応のレベルに関係している。[23][24]

次は被害への対応、援助について言及する研究も出ている。たとえば被害者は、被害に対処するためにしばしば援助を他者に求める。[25] その援助者は、親戚、友人、隣人もしくは、その場に居合わせた人かもしれないし、一方、警察、医師、心理学者などの専門家であるかもしれないのである。しかし、すべての被害者が援助を求めるのではなく、彼らの得た援助が、時どき不利に影響してしまうこともある。[26][27][28]

被害者援助を行なう可能性のある者は、援助しようとするときに個人的な価値観や道徳的な判断によって行なってしまいがちである。[29][30] これらの一連の行為は、トレーニングを受けていない者にも専門家の援助者にも同様にみられる。つまり被害者への援助を行なうためには、ますます被害者にふさわしい特別なトレーニングが不可欠となる。

被害者本人に対する被害者の親族への理解は低い。[31][32][33] また殺人事件の被害者の遺族は、法律面やそのほかの面でも被害者と同等の権利は有しておらず、問題である。[34] バタード・ウーマン（配偶者やパートナーからの暴力を受けた女性）や児童虐待の被害者は、特に心理的援助がむずかしい。[35][36][37]

これらの研究の流れを分析してみると、犯罪被害の精神に及ぼす影響は深刻であり、被害者への心理的サポートの必要性がわかる。そして援助者の教育の重要性も問われている。また実際に被害を受けていないが、身内が被害を受けたときにも、家族への心理的サポートが必要であることもわかる。

以上を概括すれば、一九七〇年代初頭には、加害者の犯罪に及ぶ動機中心の研究が犯罪心理学の主流であったが、一九七〇年代後半より司法に関わる心理学者は、犯罪や暴力の被害者のコーピング、回復や被害の反応についての研究に多くの時間を費やすようになったといえよう。

これらの基礎研究が政策へも影響を与え、ついには、「犯罪被害者に関する大統領特別委員会」を設立させるに至ったといっても過言でない。

この委員会の目的は、多くの心理学者が犯罪被害者へのサポートスキルを伸ばすことや、被害者への注意を喚起することにもあった。(38)

委員会は、最終報告書で「被害者への心理的援助」(Psychological Help for the Victim) 被害者への介入について四つ記述している。(39) ①介入は、研究結果や理論にもとづいて行なわれるべきである、②多様な介入は、被害者の被害体験に対するコーピングに影響を及ぼし、それによって被害者の短期・長期的な回復に直接的に影響する、③最初の介入は、被害者が最初に接触する人によって、早期に、注意深く計画的に行なわれることが重要であり、後からは、もっと公式的な介入が続けられることが重要である、④被害者への指導的な治療は、利用できる介入システムの一部である。指導的な治療の必要性は、積極的な早期介入によって軽減されるかもしれない。

「犯罪被害者に関する大統領特別委員会」の委員長補佐（Assist United States Attorney General and former Chair）である、ハリントン（Lois Haight Herrington）は、犯罪被害者のメンタルヘルスの回復に力を注ぐように提言した。

彼女は、「財産損失や身体への暴行は、目にも明らかであり理解しやすい。しかし心理的ダメージは、表出しない分、問題は根深い」と述べている。そして「犯罪被害者への心理的サポートは、法的整備と同様に不可欠である」とした[40]。

一九八〇年代初期は、メンタルヘルスに関して熱心だと定評のある地域でも、メンタルヘルスの専門家は、援助を必要としている被害者に対しての十分なトレーニングを受けることができていなかった。「犯罪被害者に関する大統領特別委員会」は、メンタルヘルスのコミュニティへ五つのアドバイスをしている。①直ちに被害者とその家族に対しての短期・長期の援助を開発し、提供すること、②臨床家が被害者とその家族をケアするために必要なトレーニングプログラムを作成すること、③直ちに犯罪被害による長期的な影響を調査研究すること、④地域精神保健機関は、容易に犯罪被害者とその家族に心理的治療ができるように、公的機関や被害者補償を管轄している部署、民間の保険会社と連携をとるべきである、⑤メンタルヘルス・コミュニティは、ほかの被害者援助機関とリエゾンを結んでおく必要がある。

以上のように、米国における心理的サポートは、一九八二年の連邦政府と米国心理学会による「犯罪被害者に関する大統領特別委員会」と「犯罪と暴力に関する米国心理学会特別委員会」をきっかけにはじまったと考えられる。ここで提言されていることが、現在、民間の被害者援助組織の心理的サポートの基盤になっている。

第二節　米国における被害者支援の現況

1　米国における被害者支援の特徴

米国の犯罪被害者援助団体は、民間の非営利団体、法執行機関の関係団体および検察庁の関係団体のいずれかであるといってよい。民間の非営利団体としては、全米被害者支援援助機構（NOVA：National Organization for Victim Assistance）、全米犯罪被害者センター（NCVC：The National Center for Victims of Crime）などが挙げられよう。これらの団体による被害者支援プログラムの内容は、団体によって異なるが、危機介入、被害直後の緊急時の援助、カウンセリング、被害者補償、弁償等の各種請求の援助・代弁、証拠の返還、刑事司法制度のオリエンテーション、裁判所への付き添い、刑事司法に関する情報提供、ほかの各種援助団体の紹介などが含まれる。最近では、矯正、保護観察および仮釈放の機関が後援する被害者支援プログラムも増加している。なお一九七二年に三つの民間団体によって始まった被害者援助は、一九九九年には、団体の数が官民合わせて一万以上に上っているとされている（全米犯罪被害者センター）。

ここでは、これらのなかで代表的なNOVAについて述べたのち、サンフランシスコの性被害者援助団体と飲酒運転に反対する母親たちの会（MADD：Mothers Against Drunk Driving）を簡単に紹介する。

NOVAは、一九七五年に非営利の民間団体としての設立された。[41] 設立当初その活動は、創設者やボランティアからの寄付などにより支えられていたが、一九七九年にはじめて連邦政府から補助金を得たことを契機に、ワシントンDCに全国本部を設置するなど全国的なネットワーク組織に成長した。一九九〇年代には、約三千六百の団体、個人が会員となっている。

二〇〇〇年現在、NOVAのメンバーはヤング（Marlene A. Young）博士を中心に、有給のスタッフ九人、四十時間の危機介入カウンセリング講習を履修した七十五人、法学、ソーシャルサービス、軍隊、聖職者、精神医学、心理など多様な分野からの専門家四百人以上の無給スタッフで構成されている。スタッフは、最低四十時間の危機介入カウンセリングの講習と訓練者のためのトレーニング講義を受講することが義務づけられている。

NOVAは被害者の立場を代弁することを目的としており、そのさまざまな資料を分析すると、その活動には三つの柱があると思われる。それらは、①直接的被害者援助（direct services to victims）、②専門家やボランティアへの教育（assistance to professional colleagues and volunteers）、③被害者の権利運動（victims rights）である。

A　直接的被害者援助（direct services to victims）

ボランティアによる電話相談の受理、医師、カウンセラー、弁護士など相談内容に応じた適切な機関等の紹介、被害者の法廷への付き添いなどの直接的な支援活動。以下には、比較的最近になってはじめられたNOVAの活動を挙げる。

a　**ホットライン（無料電話相談）**——NOVAは、毎年六万人の犯罪被害者からのコンタクトがあり、約一万のプログラムのうち被害者にもっとも利便性の高いものを紹介する。被害者からのコンタクトは、二十四時間のホットライン、手紙、ファックス、Eメールを利用したものや、ワシントンDCに直接訪問してくる場合がある。

また一九九六年からは、DV（ドメスティック・バイオレンス）の被害者への援助、情報提供、安全な場所を確保するための指導をしている。

b　**NOVA本部における被害者への援助**——NOVAは、ワシントン市内においては、法の強化やほかの援助機関と共に実質的薬物による犯罪の被害者への援助を行なっている。また地方の被害者援助組織のネットワークの整備も行なっている。

c　**クライシス・レスポンス・チーム（CRT：Crisis Response Team）**——NOVAは、一九八六年にはじめてクライシス・レスポンス・チーム（The National Community Crisis Response Team）を形成した。このCRTは、オクラホマ州エドモンドの郵便局で起こった十四人の大量殺人事件の後に派遣された。CRTのメンバーは、全米各地から参加した被害者対応の専門家で構成されており、精神科医や心理学者やソーシャル・ワーカーからなっている。CRTがめざすのは、被害者らが受ける心理的外傷の防止であり、緩和であり、回復である。そして直接長期に渡って被害者と接触する地域のケアの提供者たちに危機介入の方法やトラウマについての知識を与え、地域全体のトラウマに対処していくのである。CRTは、オクラホマシティにおける爆弾テロや、中西部に頻発する破壊的な竜巻による自然災害、ケンタッキー州の高校内での発砲事件などに介入している。またボスニアとクロアチア内戦や阪神大震災など海外における事件・災害にも関与した。

d　**家族プロジェクト**（Hostage Family Project）――NOVAは、外国で人質にされた（たとえばレバノン・湾岸戦争・クウェート）被害者をもつ家族に対して情報を提供するなどの援助を試みている。

B　被害者援助プログラム（Assistance to Professional Colleagues and Volunteers）の作成、ボランティアなどに対する教育、訓練

a　**犯罪被害者援助者のためのトレーニング**――NOVAは、検察官、看護婦、法学者、ソーシャル・ワーカー、裁判官、宗教家、精神科医、心理職、被害者援助者、ボランティアへワークショップやセミナーを開催している。NOVAは、現在三千六百の団体や個人がメンバーとなっており、毎年開催される「北米被害者援助年次大会」には、各地から千人を超えるボランティアが集まる。また年間国内三十八回、海外二十八回のコンファレンスを開催し、ボランティアや専門家によるそれぞれの実践報告がなされ、また分科会が開かれて、研修が行なわれる。

C　被害者の権利運動（victims rights）

各州の犯罪被害者補償制度、VOCAなど、さまざまな被害者支援制度の整備への働きかけを行なっている。NOVAの被害者援助の経緯をみると、第一に被害者への経済的基盤を確保するために

法の整備を中心に行なっている。これはNOVAの創設当時より中心となって活動を続けているヤング博士が弁護士であるということもあり、また被害者の「権利」を中心に据えるNOVAの特徴を示しているものと思われる。また、一九八二年のレーガン大統領が任命した「犯罪被害者に関する大統領特別委員会」(President's Task Force on Victims of Crime)からNOVAは、被害者援助活動のネットワークづくりと犯罪司法の専門家のための基本モジュールの作成の二つの活動に対して援助基金を得た。そのため被害者への司法援助に拍車がかかったことは言うまでもない。

D　被害者の援助機関

次にサンフランシスコにある、性暴力被害女性の援助機関について簡単に紹介する。[42] 前述したように、一九七二年に米国においてはじめて三地域に強姦救援センターが設立されたが、その一つがサンフランシスコである。サンフランシスコは多民族都市であり、犯罪件数も多い。特に、国際結婚による家庭内暴力も多発していることから、女性への暴力に対する取り組みがほかの地域と比べると積極的である。

一九九六年には、女性団体、医療機関、警察、検察、証人保護プログラムの五機関が、より良い協力関係をめざして、性暴力対応チーム(Sexual Response Team)を発足させた。性暴力被害の女性に対して援助を行なう機関が、お互いに連携をとるためのサポート・ネットワークを構築するという新しい試みのためである。

ここでは、五機関のうち、①強姦に反対する女性グループ(San Francisco Women Against

Rape)、②強姦治療センター（San Francisco Rape Treatment Center)、③サンフランシスコ警察性暴力捜査班（San Francisco Police Department Sexual Assault Unit）について述べる。

a 強姦に反対する女性グループ（San Francisco Women Against Rape）

――一九七三年に三人の女性によって設立された民間団体で、強姦被害者を援助すること、教育を通じて強姦の発生を抑止することを主な目的としている。有給スタッフが十二人、ボランティア・スタッフが五十人である。そのほか必要時に頼める通訳ボランティア（英語、スペイン語、フランス語、ドイツ語、ポルトガル語、タガログ語、広東語、北京語、韓国語、日本語での対応ができる）を置いている。

運営資金は、サンフランシスコ市、郡からの補助金、寄付、そして資金集めによる収益により賄われている。

この機関の提供する援助には、二十四時間の電話相談、カウンセリング（個人カウンセリング・サポートグループ）、リーガル・アドボカシー（性被害に伴う法律的なプロセスでの援助：警察による事情聴取の際の付き添い、法廷への付き添いなど）、メディカル・アドボカシー（被害者が医学的な検査を行なう際の付き添い）がある。これらの援助は、すべて無料で行なわれている。

またボランティアとして機関に登録されるためには、六十時間のトレーニングを受ける義務がある。トレーニングが終了し、適格であるとみとめられると危機介入カウンセラー（Crisis Intervention Counselor）として認定される。トレーニングには、強姦、セクシャル・ハラスメント、児童虐待、ドメスティク・バイオレンスの各被害の講義、性被害後の心的状態の講義が含まれ、またロールプレイや護身術などの教育が組み込まれている。

当機関の目的の一つである、性暴力に関する教育としては、中学、高校、大学などに女子学生を対象とした「出張講義」を中心に行なっている。この講義では、①強姦されたとしても、それは決して自分の過ちではなく、加害者による暴力であること、②被害を受けた人を援助する機関が存在することなどを指導している。

b　強姦治療センター（San Francisco Rape Treatment Center）――一九七〇年代に、サンフランシスコの行政機関の一部として設置された施設である。運営はサンフランシスコ市および郡が行なっている。スタッフは、十二人（ディレクター一人、精神科医一人、看護婦四人、ソーシャル・ワーカー三人、補強要員二人）で全員公務員である。看護婦は、性暴力に関する医学検査を専門に扱う資格を有し、ソーシャル・ワーカーは、セラピストとしてメンタルケアも行なう。

当機関で提供できる援助は、カウンセリング、証拠採取、医療上のケア（性病の検査：二週間後に結果を聞きに来るように伝える）である。十八歳以上の男女に対して無料で行なわれる。十八歳未満の児童は、他機関でケアされる。

そのほかに、警察の性暴力捜査班に対して、証拠採取についてや被害者の精神状態についての講義も行なっている。

c　サンフランシスコ警察性暴力捜査班（San Francisco Police Department Sexual Assault Unit）――当機関は、十四歳以上の性被害者の捜査を専門に行なっている。二人の女性捜査官および八人の男性捜査官が配属されている。強姦、オーラルセックス、異物挿入、アナルセックスおよび以上の犯罪の未遂を含む重罪について、また六つの軽罪について捜査にあたる。

事件が発生すると二人の捜査官が出動し、一人は現場の状況を確保し、もう一人は被害者に付き添い病院へ向かうのである。

捜査官に対しては、二年ごとにトレーニングが行なわれており、被害者に二次的被害を与えないように捜査における基本事項について教育を受けている。

d　飲酒運転に反対する母親たちの会（MADD：Mothers Against Drunk Driving）[43]――MADD

は、一九八〇年にカリフォルニアにおいて、少数の女性グループにより発足した。きっかけになったのは、飲酒運転のあげくに、十三歳の少女が引き逃げされ死亡した事件である。加害者は、これまでに三回の飲酒運転により逮捕されていたが、答弁取引（PleaBargain：刑事事件で検察側の軽い求刑と引き換えに弁護側が有罪を認めたりする司法取引）により、保釈されていたのである。

本部はテキサス州のダラスにあり、ウェブ（Millie　Webb）が代表者である。MADDの活動の目的は、①アルコールや薬物の影響で引き起こされる交通事故の被害者に対する援助、②アルコールや薬物の影響で引き起こされる交通事故は犯罪行為であるという社会への啓蒙活動、である。

米国では、一九九八年に、一万五九三五人が飲酒運転によって亡くなり、それは交通事故件数四万一四七一件の三八・四％にあたるという。すべてのアメリカ人の十人に一人は、生涯に何度か飲酒運転による事故に遇う。[44]

ＭＡＤＤの啓蒙活動が功を奏し、一九八二年にはレーガン大統領「飲酒・薬物運転調査委員会」（ブルーリボン）が設置に至った。その後、飲酒・薬物運転の懲役刑は十年から二十年になった。十五歳から二十歳の飲酒運転による死亡事故は、一九九七年、一九九八年と減少している。

ＭＡＤＤは、ホットラインと専用のホームページを設け、被害者からの相談や問い合わせがあるときには被害者のニーズにあった情報を提供している。また、定期的に被害者と援助者へマガジンを発行している。ＭＡＤＤは金銭面での援助は行なっていないが、被害者が望めば犯罪被害者補償金基金（Crime Victims Compensation Funds）に申請の代行をする。法的援助の情報、被害者の地元のカウンセラー、弁護士、牧師、自助グループを紹介している。

2　米国における被害者支援の問題点

ＮＯＶＡのエグゼクティブ・ディレクターであるヤング博士は、被害者支援の問題点を次のように提起している。

第一に、米国の人口増加による今後の被害者支援の対応について述べている。米国の人口は、毎年一％の世界の移民を受け入れ、二〇五〇年には三億八三〇〇人にのぼるという。[45] 人口の急増は、貧困、無教育、ホームレスそして暴力を増大させる。[46] また二十世紀初頭は、六十五歳以上は二十五人に一人であったが、一九八九年に、六十五歳以上は八人に一人であった。米国においても高齢化の問題は進んでおり、二〇三〇年には、四人に一人が六十五歳以上になると予想されている。また二〇〇〇年は、百歳以上が十万人に達するとしている。[47] これら高齢者のグループは、将来的に暴力犯罪のターゲットになると推測されるため、被害者援助者は移民や高齢者などのマイノリティーに対する特別なサポートを早急に確立しなければならない。特に移民に対しては、文化的差異を考慮した援助でなければならない。

第二は、被害者援助基金について言及している。米国における被害者は増加し、それに伴い被害者援助基金もより必要となる。しかし、「現在、この基金は有効にかつ効果的に使われているだろうか」「もし被害者援助にたいしての規模を早急に拡大する要求があったら、適切なトレーニングを受ける機会を持つことができるだろうか」「援助プログラムは、援助を拡大するための適切な施設と機材をもちあわせているだろうか」。これらの問いに対する答えはすべて「否」である。この現状を踏まえて基金の使途を再考し、被害者援助の拡大をするためには、どの活動を強化し、どの活動を削減するかなどについて検討が必要であると考えられる。

ロバーツの調査によると、証人保護プログラム（Victim / Witness Programs）における問題点として、①援助基金（Funding）、②被害者や証人が裁判所で待機するのに充分な場所が確保できない（Lack of space）、③スタッフの転職（Staff turnover）、④適当なスタッフの不足（Lack of adequate staff）、⑤ボランティアの属性（Attrition of volunteers）、⑥裁判所との連携（Relation with court）、⑦警察との連携（Liaison with police）が挙げられている。[48]

さらに現在大きな問題は、性犯罪者の情報公開と個人の権利の問題である。

ミーガン法に対しては強い批判がある。つまり、加害者は刑務所で服役することによって罪を償ったのである。にもかかわらず、ミーガン法では、出所後も事実上刑罰を継続することになる。個人の写真やプロフィールなどの情報が公開されたら、ほとんど生活は不可能になると言われている。実際にこれまでにも、性犯罪常習犯であることが明るみに出て住所を転々とせざるをえなかったり、そのために自殺した例も数多く挙がっているという。そのためロサンゼルス市警察（LAPD : Los Angels Police Department）少年課の警察官は、「情報を公開することで住所を転々とせざるをえなくなれば、結局、彼らは住所の登録をしなくなり行方がわからなくなる」と述べ、かえって悪い結果を招くことを指摘している。

またカリフォルニア州では、隣人が性犯罪者かどうかを誰でも簡単にチェックできるコンピュータ・システムが二〇〇〇年よりスタートした。一九九七年六月二十七日付けの『ロサンゼルス・タイムス』紙によれば、データのなかにすでに死亡していたり、刑務所で服役中の人間が社会で生活しているような内容があるなどと指摘している。また七月一日付の『ニューヨーク・タイムス』紙も同州内で最近、性犯罪者が住民運動が起きて引越しせざるをえなくなったり、予定していた仮釈放が延期になった例をあげ、情報公開には問題が多いとしている。

3　米国における被害者支援の日本への応用

NOVAは、被害者援助組織が提供するべき基本的な援助を、①危機介入、②カウンセリングと擁護、③捜査段階における援助、④裁判段階における援助、⑤処分後における援助、⑥犯罪予防、⑦一般人に対する教育活動、⑧専門家の教育、と八つに分類した[49]。これらの援助がすべて日本において実現するというのは困難なことである。それは文化的・社会的背景の差によるところが大きい。

たとえば、⑦の一般人に対する教育活動としてボランティアの指導・育成があげられる。しかし、日本においてこのような「ボランティア活動」はあまりなじみがない。無償で専門的に働くという習慣は少ない。けれど、日本の被害者援助組織を考慮すると、財政的基盤を欠くことなどから、ボランティアの活用は必須のことであると思われる。

そのために米国のように、全国にボランティアを募り、トレーニングを実施し、各地にボランティアを育成することは、全国的に被害者支援に関する社会への啓蒙、市民の意識改革にもつながると考えられる。そして日本においても、米国のような被害者のニーズに応じて多様な支援サービスがボランティアから提供されるべきである。

そのほかには、①危機介入と⑧専門家の教育をあわせて、日本版CRTを設置する。

米国には、前述した民間の危機介入組織であるCRTのほかに、連邦緊急時統制機関（FEMA：Federal Emergency Management Agency）や復員兵行政局（VA：Veterans Affaires）のように、自然災害後の危機介入に専門的に関わる政府の機関もある[50]。

米国のようにわが国においても、訓練された精神科医、心理学者、ソーシャル・ワーカーなどの専門家による危機介入組織の発足が望まれるところである。

たとえばCRTは、NOVAから要請があると二十四時間以内にワシントンに集合し、チームを組んで被害地へ駆けつける。一九九五年の阪神大震災にCRTが来日したことはマスコミにも取り上げられた。日本でも、多発する自然災害、また和歌山のカレー事件や東海村の放射線漏れ事故など、地元被害者への危機介入の必要性が高まってきている。

CRTは被害現場において、危機介入の方法として、デブリーフィング（Debriefing）（今感じていることを自由に述べるものである）を二十四時間から七十二時間のあいだに行なっている。米国では、トラウマとなる出来事の後、被害者に対する最初の危機介入法として、デブリーフィングという手法が使用されている。デブリーフィングには、ミッチェルが開発した予防効果のあるストレス・デブリーフィング、通称CISD(Critical Incident Stress Debriefing)なども含まれる。[51] デブリーフィングによるトラウマの軽減については、研究者のあいだでは賛否があるようだ。しかし、デブリーフィングを受けた被害者からは効果があるという声があり、被害者の安心感を増し、緊張感を和らげる危機介入の手法の一つとして利用することは意味のないことではないと思われる。

日本においても米国のマニュアルを参考にし、日本人にあった危機介入法を作成し、いつでも有事に出動できる態勢をとる必要があると思われる。

4　おわりに

被害者援助先進国である米国において、援助プログラムの数はわが国に比べて圧倒的に多い。また、官民一体となって被害者援助に積極的に取り組んでいるため、法整備やそれに伴う資金も早く対応されている。

また各機関が連絡を取り合い、ネットワークを構築して、それぞれ専門に特化してきている。各機関の援助プログラムの内容も、法的、経済的、心理的援助と多様で充実している。被害者当事者への援助のほかにも、犯罪の防止を担う役割もある。たとえば、性犯罪や児童虐待についての認識や対応について、援助組織のメンバーが学生らに「移動講義」などの教育活動で行なっている。

被害者援助活動への社会の関心が高まり順調な発展を遂げている一方で、性犯罪者の情報開示については、米国のマスコミで「加害者のプライバシー保護」としてたびたび論議されている。

米国における最近の被害者への法的改正を見ると、「被害者の権利回復」をスローガンに始まった被害者援助活動が、「加害者への報復」のための活動や運動に一部すり替わってしまっている感じは否めない。

今後米国においては、IT革命によるネット犯罪がさらに急増すると思われる。ネット犯罪は、自国のみならず、全世界に影響を及ぼすことも可能であるため、いわば国境を超えた犯罪といえる。最近のコンピュータウィルス事件からもわかるように、加害者を特定することはむずかしい。そのためにネット犯罪の被害者は、従来の犯罪被害者とは異なった援助を必要とするかもしれない。あらたなる被害者のための援助も考慮する必要があろう。

米国における被害者援助が始まってから二十余年、援助活動については、今なお試行錯誤を続けている。さらなる援助活動の発展が望まれている今、被害者援助活動の意義・目的をもう一度見つめなおす必要があるのかもしれない。

5 被害と加害の連鎖を断ち切るために
――治療共同体「アミティ」の試みから

どのような過程においても、被害者の声は聞き入れられ、被害者は支援されるべきである。そうでなければ、被害者は安全性の確保や被害から回復する権利を拒まれ、加害者もまた、自らの罪に責任を取ることや更生することを阻まれ、ということを繰り返し、被害者を生みだす悪循環を断ち切ることができないでいるのだ。

（シュミット 一九九五[1]）

第一節 なぜ、「加害者」の「被害者性」を受けとめる必要があるのか

「加害者が罪と向き合い、社会で更生しないと、被害者の心の傷はいえることはないのではないか」

交通事故で息子の隼君を失った父親の片山徒有さんは、最近、このような意見をさまざまな場で表

明している。また、京都の保険金殺人事件で弟を失われた原田正治さん、アメリカで息子の剛丈君を銃殺された母親の服部美恵子さん、佐賀のバスジャック事件で被害にあった山口由美子さんらによる、加害者の更生を求める被害者の声が、日本でも少しずつ、聞かれるようになってきた。

加害者の問題は、被害者問題と完全に切り離して語られることが多い。前述の遺族たちはその意味で、被害者のなかでも少数派であり、このような考え方が広く支持されるまでにはかなり時間がかかるだろう。もちろん、すべての被害者がそのように考えることを強要されるべきでもない。

しかし、加害と被害の問題は複雑に絡まっており、そう簡単に割り切れるものではない。むしろ、被害者支援の幅を広げるためには、一度、根本的に加害者との関係を検討する必要がある。そうしなければ、一方では、被害者に対して固定観念をもった「被害者」であることを強要しかねないのではないか。他方では、「被害者対加害者」の一面的な対立構図だけが強調され、被害者と加害者とのあいだで何らかの関係を持つことを願う被害者の可能性までをも奪ってしまうことになる。

ではなぜ、被害者支援の文脈で、加害者の更生について考えなければいけないのか。なぜ、被害者支援を議論するなかで、加害者の「被害者性」を受けとめる必要があるのか。

このような視点そのものが、加害者に自己正当化の根拠を与え、結局のところ、被害者を二次的被害にあわせるものとして、今までタブー視されてきたのではなかったか。

これについては、今後の議論を待つしかないが、筆者は次の二点を指摘しておきたい。

まず第一に、加害者自身が人生のある時点で、それもその多くが幼少時からの虐待や暴力の「被害者」であったことや、自らが受けたトラウマに対して適切なケアを受けられずに来てしまったことが、加害行為に何らかの影響を与えているという点が、さまざまな調査や文献から明らかになってきている（Weeks & Widom, 1998；Erwin, Newman, McMackin, Morrissey, & Kaloupek, 2000）[2]。[3]

であるとすれば、端的に彼らはまず、「被害者」としてのケアが必要だということではないか。「昔の、別の事件」においてかもしれないが、その被害者であった人に対する支援が真剣に、かつ具体的に考えられなければならない。これにより、いつ被害を受けたかに関係なく、被害者支援を、あらゆる被害者に対する包括的支援へと幅を広げることになる。

しかし、「今、ここでの事件」における被害者にとっては、加害者が「昔の、別の事件」で被害者であろうとそれは知ったことではない。「今、ここでの事件」での被害者に対しては、もちろん今まで以上に迅速に、かつ、多様な支援が行なわれなければならないとも思える。

そこで、第二に指摘したいのは、「今、ここでの事件」における被害者にとっても、加害者の更生の可能性の幅を広げることが、「未来」におけるその被害者自身に対する支援の幅を広げることにもなるのではないか、という点である。特に、死に至る事件ではなく、加害者の社会復帰が想定される場合、被害者の不安感を取り除くためには、まさに加害者の更生は一つのキーポイントにもなろう。

これは、欧米各地で七〇年代から始まった、犯罪の被害者と加害者が直接話し合いを通して被害を回復しようとする回復的司法[4]（Restorative Justice）の取り組みからも、すでに証明されている（Bazemore & Umbreit, 1999；坂上、二〇〇〇）*[5]。

その場合、時間的幅を持った被害者支援、という視点が必要になる。被害を受けた当事者、またその周りの人びとは、被害を背負って十年後も二十年後も、生き続けていなければならない。未来における その被害者に対する支援の幅をどうしたら広げることができるか。もしかしたら、長い時を経て、被害者がその気持ちを解きほぐし、少しでも前向きに、安心した気持ちで過ごすことを選択したいと思うかもしれない。そのときに、加害者の更生という視点が浮上してくるのではないか。事件直後の被害者に、加害者を許し、加害者の更生に協力しろというのではない。加害者が更生していることが、十年後、二十年後において、すなわちその未来における被害者支援においては、重要かもしれないということである。

そこで本章では、アメリカのアリゾナ州を拠点とする犯罪者の社会復帰施設「アミティ」(ラテン語で、友愛・友情を意味する)の取り組みを紹介したい。刑務所の収鑑者数が膨大に増え続けるアメリカで、司法省などからも再犯を防ぐもっとも効果的なプログラムのひとつとして注目されているNPOである(Little Hoover Commission, 1998)[6]。その特徴は、単に「罰する」という発想ではなく、加害者の「被害者性」を受けとめることによって反省を促す、という考え方に立っている点である。

＊(前頁) ミネソタ州では、犯罪被害者の八割以上が、加害者の更生を望んでいるという調査結果が出ている。また、加害者との直接対話を経て、加害者が二度と犯罪を犯さないであろう、ということを知ることによって不安感が取り除かれたと答えている人がほとんどである。

筆者はテレビ番組の取材を通して「アミティ」の存在を知ったのだが、ケアの対象者は、世間的にはいわゆる「被害者」と呼ばれる人ではなく、殺人、強盗、暴行……さまざまな事件を起こし、繰り返し刑務所に送られてきた「加害者」と呼ばれる人たちである。その彼らの多くが、耳を疑うようなすさまじい目にあっていたことを、筆者自身、さまざまな場面で耳にした。自分の身に何が起こったのか、そして今までどんな思いで生きてきたのか。そのどれもが、誰にも受け止めてもらえずにきていた。「加害者」のなかに眠る「被害者」の存在を掘り起こす作業こそ、他人や自らに対して行なった暴力行為に目を向けるきっかけを作るのだと実感した。

ただし、加害者の「被害者性」に目を向けることによって、犯罪を犯した人を無罪放免にしようといっているのではない。むしろその逆で、自らの「被害者性」に徹底的に向き合うプロセスは、私たちが想像する以上に、厳しく過酷である。そして「更生」という観点を長期的にみてみると、単に罰するというアプローチよりも、こちらのアプローチの方が効果があがっているということを、本章を通して読み取っていただければ幸いである。

第二節　加害者の社会復帰施設「アミティ」

1　「アミティ」の活動

「アミティ」は、一九八一年、アリゾナ州のツーソンで始まった。主に薬物依存者を対象とした社会復帰施設として知られてきたが、実際は薬物に限らず、あらゆる犯罪や、自傷・他傷を含むさまざまな依存（嗜癖）問題を抱え、ほかのプログラムでは回復できなかった、もしくはどこにも適応できないという人びとを積極的に受け入れてきた。現在は、拠点のアリゾナ州のほかに、カリフォルニア州およびニューメキシコ州の三州で、政府の助成金や基金などからの援助金により運営されている。

プログラムは、次の三つに大きく分類される。

A 共同生活プログラム

自然に恵まれた環境、塀もフェンスもないオープンスペース、カラフルな建物が点在する施設内に、常時百人前後のレジデント（居住者＝犯罪などの問題を抱える当事者）が暮らしている。滞在期間は十五カ月から十八カ月。比較的軽微な犯罪を犯し、裁判所の判断で刑務所か「アミティ」かを選択させられ、自らの選択で送られてくる場合や、刑務所の出所直後に本人が希望して来るケースなどが多い。なかには犯罪には至らないが、薬物、セックス、ギャンブル、暴力などに依存する傾向がみられ、他人に危害を加えたり自傷行為を繰り返したため、行政機関または家族や友人に連れられて来る人もいる。片親で子どもがいる場合は、親子での受け入れも行なっている。施設の運営やメンテナンスは、レジデントとスタッフの共同作業によって行なわれる。

B 刑務所内プログラム

現在カリフォルニア州の三つの男性刑務所（R・J・ドノバン、ランカスター、ソレダド）内部で実施されている。対象者は、殺人や性暴力を含む凶悪犯罪を犯してきた受刑者たち。ただし、参加することによって出所が早まることはない。それぞれの刑務所によって参加の条件や人数などは異なるが、たとえばR・J・ドノバン刑務所の場合、刑務所人口のおよそ五％にあたる二百人が参加している。その七〇％が暴力的な犯罪（傷害、傷害致死、誘拐、殺人、レイプなど）で服役しており、過去において一人平均三二一件の暴力沙汰（逮捕や起訴には至らないケースも含む）を起こしてきていることが、調査によって明らかになっている（Wexler, Melnick, Lowe & Peters, 1999）[7]。特筆すべきなのは、もっとも「凶悪」とされ、更生不可能の烙印を押されてきた終身刑の受刑者たちが、プログラムを経て大きな変化を遂げ、参加者に多大な影響を与えていることだ。彼らのなかには、刑務所内プログラムで有給スタッフとして採用されている人もいる。

C　コミュニティ・プログラム

AとBの修了者が社会に復帰した後も、一定期間サポートを受けられるアフターケア施設や、犯罪予防のためのアウトリーチ（訪問）活動などが含まれる。一九九九年にオープンしたばかりのニューメキシコ州のプログラムでは、病院、教育、そして各種行政機関とも柔軟に連携できるシステム作りに力を入れ、問題が深刻化する前の早期介入という新しい段階へと踏み出した。

なお、Bを終了し、さらにCを経た人の再犯率は二七％という結果が出ている。これは、刑務所で全くケアを受けない受刑者の再犯率七五％と比べると、三分の一近くに抑えられており、効果の高さがうかがわれる。

2　治療共同体的アプローチ

アミティのような活動は、「治療共同体」(therapeutic community) という考え方に分類される。さまざまな嗜癖問題（依存症）を抱える人びとが、一定期間生活を共にしながら互いに影響しあうというスタイルが基本である。これはもともと、精神疾患や、アルコール・薬物依存などの問題を抱える人びとの「治療」として、第二次世界大戦直後に米国で始まったといわれているが、その後、ベトナム戦争の帰還兵を対象にしたものや、「アミティ」に見られるような犯罪者にも適応されるようになり、ヨーロッパやアジアに広がった世界的なムーブメントである (Kennard, 1998)(8)。現在では、アメリカだけで三百団体以上の治療共同体が存在し、日本でも、ダルク（薬物依存者のための自助施設）やごく一部の精神病院などでその考え方が取り入れられてきている（武井・鈴木、一九九八）(9)。

なかでも「アミティ」は、薬物依存者向けのモデルの流れをくんでいる。*犯罪学者ヤブロンスキー (Yablonski, 1994)(10) は、薬物依存者の治療共同体に欠かせない条件として、①自発的な参加、②グループ・プロセスの利用、特にエンカウンター・グループ的プロセス、③かつての薬物依存者をセラ

＊「アミティ」の創始者たちは、「シナノン」Synanon の当事者である。シナノンとは、アルコール依存者だったチャック・ディードリックによって一九五八年に創設された先駆的な治療共同体だが、七〇年代に入ると商業化し、様相を変え、内部での混乱や周囲の住民からの排斥等にあい、八〇年代半ばには閉鎖へと追い込まれた。「アミティ」は、そんな共同体のあり方に疑問を抱いた者たちが作った民間施設である。

ピストとして採用、④オープン・エンド（固定化されない）の組織構造、の四点をあげている。

アミティでは、この四つの要素のほかに積極的に女性スタッフを採用する、それぞれの文化の多様性を重視する、問題を抱える当事者のみならず、家族や仲間をも巻き込んで環境の変化を促す、カリキュラムを固定化せず、常に変化を求めるなどの新しい視点を盛り込み、独自の治療共同体スタイルを模索してきた。

3　対等なコミュニティ

「アミティ」をはじめて訪れる人びとは、スタッフとレジデントの区別がなかなかつかないことに驚く。ここでは、一般の刑務所や少年院などの犯罪矯正施設に見られるような「刑務官対受刑者」「教官対犯罪少年」、または医療機関における「医者対患者」の固定された上下の関係や管理体制がほとんど感じられない。目線が対等なのである。それはなぜか。

スタッフの大半が、元受刑者や元薬物依存者であることから、セルフヘルプ的な要素が強い。たとえば、セラピーを担当するスタッフには、州の規則でカウンセラーの資格を取得することが義務づけられているが、自分たちのことを教官やカウンセラーとは決して呼ばず、「デモンストレーター」(demonstrator＝変わることができるということを自らが示してみせる人）と呼ぶ。かつての当事者たちがスタッフという立場に立つことによって、レジデントたちにとってのロールモデル（手本）となり、治療（処遇）する人、治療（処遇）される人という従来の役割分担を超えた、対等な人間関係が成立するのだろう。
創設者のひとりナヤ・アービターも、十代から薬物の問題を抱えていた当事者の一人である。逮捕・拘禁を何度も繰り返し、十七歳のときに服役した刑務所では、更生不可能という烙印を押された。アービターは、このような自分の過去を、レジデントに対して常にオープンに語り、相手に対してもオープンであることを要求する。「アミティ」では、「対等なコミュニティ」を求めて、スタッフ、レジデントの区別なく、活動にたずさわる人びとに以下のようなことを要求している。

《「アミティ」の前提》
・観衆ではなく、参加者になる。
・固定した役割ではなく、さまざまな役割を担う。
・排除するのではなく、受け入れる。
・制度やプログラムよりも、語りやすい安全な場所を作る。
・スタッフからの慰めよりもレジデント同士の関係を大切にする。
・「治療」として捉えるのではなく、「学ぶ」という捉え方をする。
・「症状」にとらわれず、一人の人間として「全体」を捉える。
・感情に振り回されるのでなく、自分の感情を使いこなす能力を身に付ける。

第三節　子ども時代への眼差し

1　子ども時代を剝奪された者の文化

レジデントに共通するのは、「子ども時代を剝奪された者の文化」だとアービターは言う。これは、子ども時代に愛情を充分に受け、一人の人間として当たり前に生きる権利を奪われてきた人びと特有の文化のことである。彼女自身、犯罪者であったと同時に、幼児期に父親から性的虐待を受け、DV（ドメスティック・バイオレンス）に囲まれて育ち、幼くして恐怖心を植えつけられるという、深いトラウマを抱えた被害者だった。

「〈子ども時代を剝奪された者の文化〉に身を置く人びとは、売春や薬物依存にみられるような〈自分に向けた暴力〉か、または傷害やレイプといった〈他人への暴力〉といった〈症状〉を見せます。これは、国境を超え、共通して見られる〈症状〉ですが、彼らは、主流の精神医学や心理学的な治療のパラダイムでは、理解も説明も不可能な体験をしてきた人びとなのです。実際に体験したことであっても、医者や専門家と呼ばれる人びとに〈まさか〉〈そんなことありえない〉と思われ、信じてもらえないことが多々あります。アメリカは、そんな彼らを国として心理的に拒絶してきました。そして、問題から目を背けるために、彼らを刑務所に閉じこめてしまったわけです」*。

このような考え方にもとづいて、それぞれの抱える問題を子ども時代にまで遡って解き明かしていくアプローチは、「アミティ」の特徴のひとつであるが、すべての治療共同体でこの手法を使っているわけではない。むしろ、ここまで徹底させている例は珍しく、「アミティ」がほかの治療共同体よりも成果をあげているのは、この「剝奪された子ども時代」を直視し、取り戻す視点によるところが大きいと考えられる。

2　アリス・ミラーのパラダイム

スイスの精神分析医ミラー（Miller, 1983）(11) は、子ども時代に受けた深刻なトラウマを放置しておくと、他人への暴力にむかったり、自傷行為といった形で自分への暴力に向くことがあるという警告を、七〇年代から世界に向けて発信してきた人物である。著書のなかで、ヒットラーや連続殺人事件の犯人などを例にあげ、暴力行為と子ども時代に受けた虐待とのからくりを明らかにしてきた。言いかえると、他人に対する暴力も自分に向かう行為も、根は同じ所にあるのだということである。

「アミティ」では、心理学、精神医学、社会学などの理論に独自の視点を加え、独特のカリキュラムを開発してきたが、八〇年代半ば頃から特にこのミラーの考え方に焦点をあてるようになった。というのも、ミラーの理論が、「子ども時代を略奪された者の文化」に生きる人びとの特徴と重なることに気づいたからだという。アービターらはミラーの著作を分析し、以下のような特徴をあげ、カリ

＊（前頁）ビデオ作品「アミティ・魂と出会う旅」（二〇〇〇年四月、「アミティ」招へい全国実行委員会制作）のなかで使用されたインタビューの抜粋。

キュラムのなかで応用している。

《アリス・ミラーのパラダイム》

・小さな子どものときに傷つけられたが、そのことを誰にも知られていない。
・そうした被害を受けたことに対して怒りをぶつけることができなかった。
・傷つけられたことが相手の善意によるものだとして、むしろ感謝で応えようとしてしまう。
・すべてを忘れてしまう。
・大人になってから、内にためた怒りを他人や自分自身に向けて吐き出してしまう。

3　エモーショナル・リテラシー

アミティでは、自らの体験を語ることから、感情、情緒をあるがまま受け止め、言葉で表現する力を育む「エモーショナル・リテラシー」(Emotional Literacy) に力を入れている。

レジデントの多くが、このエモーショナル・リテラシーの能力に欠けているからこそ、自傷、他傷という暴力に長年頼ってきたと考えられる。彼らは狭く限られた感情の範囲で暮らしており、ありのままの感情を感じることを恐れている。それは、子ども時代の感情体験がほとんどすべてネガティブなものだったからであり、その結果、希望、愛情、ユーモア、自分以外の人間への共感が欠落してしまい、反省したり、将来に関心を持ったり、自分の行動を変えようと思う気持ちがなかなか生まれないのである（アービター、二〇〇一）[12]。

よって、彼らはエモーショナル・リテラシーを身につける必要がある。自分の感情を受けとめることによって、やがて他人の感情にも気づき、共感できるようになり、やがては恐怖や怒りに振り回されなくなってゆく、と考えられるからである。しかし、このプロセスには時間がかかる。ときには、ひとつの出来事を説明し、当時の感情を表現するのに、何日も何カ月も、また何年もかかることがある。実際、複数の殺人を犯したという若者は、いまだかつて泣いたことがなく、悲しいという感情が分からない、と言っていた。

4 被害体験が語れる安全な場所

エモーショナル・リテラシーを育むためには、規則や強制によるのではなく、自発的に自らの体験を語れる「安全な場所」（sanctuary）が重要であると「アミティ」では考える。

被害体験を語る場合、性的なもの、特に加害者が近親者である場合は困難である。その理由のひとつとして、被害者にとってはまず何よりもその事実を認めたくないということがあり、そしてまた、語ること自体が恥ずかしく、辛いからだということがあげられると思う。このように自分でも認めたくないような被害体験を打ち明けるためには、周囲が真剣に耳を傾け、受け止めてくれるはずだという信頼感が絶対的に必要であろう。

実際、性暴力の被害は顕著である。「アミティ」の共同生活プログラムに暮らす三十二人の女性レジデントを対象に行なった調査では、六九％が幼児期に性的および身体的虐待の被害にあっていたという結果が出ている。また、六一％がレイプを最初の性体験としてあげており、その平均年齢は十四歳だった。しかし、その被害を警察に届け出た者は二〇％未満である。さらに、レイプをレイプと認識しておらず、グループで性暴力の被害体験談を耳にして、初めて自分がレイプされていたのだと認識する女性も少なくないという。このような性的虐待体験の状況は日本の受刑者も例外ではなく、一九九八年に岐阜の笠松刑務所で行なわれた聞き取り調査によると、七三％の受刑者が性的虐待の被害者であったことが判明している。

5　男性の性暴力被害者

一般に性暴力の被害者というと、女性を想定しがちである。しかし、男性レジデントの多くもまた、幼少時に性暴力の被害にあっていたことが、「アミティ」では明らかになりつつある。

「刑務所人口の七割が性的虐待の被害者だと思う。自分も含めて、まわりのほとんどが、何らかの形で子どもの頃に性的な関係を強要されてきているから」*。

一九九八年に撮影を行なった際、ある男性が百人近くのレジデントたちを前にこう発言した。周りでは、うなずいたり、頭を抱えたり、顔をそむけたり、と彼の言葉に反応する男性の姿が目立った。

＊　ＮＨＫ衛星第一日曜スペシャル「隠された過去への叫び――米・犯罪者更生施設からの報告」（一九九八年十月放映）のなかで、刑務所に長年服役していた男性が発言した言葉。

この発言の後、二十歳前後の別の男性が、自分が受けた性暴力を克明に語り始めた。十一歳のときに、慕っていた男性からレイプされて以来、性的な動揺に苦しめられるようになったという。人を刺し殺す自分の姿を思い浮かべたり、実際に相手の首を絞めたりという暴力的な行為が伴わなければ、性行為ができない、と身体から苦しみをふりしぼるようにして発言した。しばらくして、別の若者が声をあげて泣き始めた。周りに座っていた仲間やスタッフが彼を部屋の端に連れてゆき、一時間余り背中をさすったり抱きしめたり、話を聞いたりしていた。彼もまたレイプの被害者であったことが後に判明した。そしてこのセミナーでは、仲間の告白を聞いてレイプされた記憶が蘇った、性的虐待を受けていたが今までそれは性的虐待ではないと否定してきた、と涙ながらに告白する男性が相次いだ。

社会学者のブリッグス（Briggs, 1995)(13)は、一般に、この分野における実態把握調査や分析が少なく、発表されている調査結果もあまり評価できないと指摘し、その理由を次のように挙げている。①男性の性暴力被害者の多くが自分の体験を虐待として認識していない、②男性の性暴力被害者の「虐待」の定義と調査者の定義が異なる、③虐待を認識したとしても、エリートの調査者（学者）に真実を打ち明けることに抵抗がある、④長期間のカウンセリングによって、たまたま性暴力の事実が明らかになることがあるが、それだけの時間をカウンセリングに割くことは少ない、⑤六〜七歳までに性暴力の被害にあったとき、その過程で、ごほうびや賄賂や、脅迫を受けていても、そのことについては言及しないことが多い。特に、暴力や明らかな強制がともなっていなければ、自分の責任だと思い込んでしまうのである。よって加害者に、全く憎しみや怒りを感じない者もいる。

「アミティ」において、男性の性暴力に関する告白が「噴出」し始めたのはここ数年だという。それはなぜだろうか。アービターは、今までの体験から次のように推測する。①男性も性暴力にあう、という認識がアメリカ社会においてようやく広まりつつある、②被害体験を語る女性たちの姿が男性への誘発剤となっている、③「アミティ」が男性にとって、生まれて初めて被害体験を語ることの出来る「安全な場」となっている、④性産業の発達とともに、男性への被害も相対的に増えている。

6 「固定した立場／役割からの脱出」

性暴力の被害者にとって、異性の前で被害を語ることは、二次、三次の被害を生む可能性につながるとはよく言われることである。そのようなことを配慮して、性暴力をテーマに扱う際、「アミティ」でも女性だけのグループを行なっていた時期があった。

しかし、性暴力を受けた女性のグループを固定化させていた八〇年代前半、男性すべてが「加害者」に見え、憎しみを感じ続けてしまい、社会復帰してもなかなか男性とは人間関係がうまく築けない、という相談がグループの参加者から相次いだ。そこで、当初は女性たちからの反発も大きかったのだが、少しずつ男性を入れたグループ編成に移行させていった。

まず、それぞれの状況や精神状態にあわせ、ジェンダー別のグループから始める。ある程度、体験を語ったり、感情を発散させたりするプロセスを経ると、レジデントの回復程度にあわせて、男性の参加者のいる別のグループへ移動したり、男性を交えた新しいグループを作ったり、グループに男性を加えたりする。

このプロセスは、「固定した立場／役割からの脱出」(de-roling) と呼ばれている。たとえば「被害者」側の女性が「被害者」という立場／役割 (role) に振り回されないためには、「加害者」側である男性（直接の加害者ではない人）に怒りや憎しみといった感情をぶつけることも、大切なプロセスと考えられる。また、「加害者」側の男性にとっても、「被害者」側の気持ちを理解するうえで、当事者達の感情を受けとめるプロセスは欠かせない。場合によっては、被害者が男性で加害者が女性というように、ジェンダーと立場／役割が入れ替わることもある。

またこれは、被害者としての自分から、加害者としての自分に気づかせてゆくためにも有効に利用されている。そもそもレジデントたちは、何らかの問題を抱えているからこそアミティにいるのであり、被害体験だけを語るのでは、「更生」を充分に果たすことにはならない。自らが受けた被害を充分に見つめたうえで、「加害／自傷行為」(他人や自分を傷つけた出来事) を見つめる必要がある。そのとき、この「固定した立場／役割からの脱出」を使って、被害者としての自分から加害者としての自分へ思考をシフトさせる。

いずれにせよ、加害者・被害者両者が、それぞれの立場に固執せずに先へ進めるかどうかは、起こったことを忘れようとするのではなく、むしろこのプロセスをしっかり踏めるかどうかにかかっているのではないだろうか。

第四節　被害体験を受けとめるワークショップから

1　一週間のワークショップ

アリス・ミラーのパラダイムに見られるように、傷ついた自分の心を否定するという行為は、助けてくれる人が誰もいない子どもにとっては、生き延びるために自分を守るための手段として必要だったはずだ。しかしそれが、だんだん生きるうえでの障壁となっていく。「アミティ」のカリキュラムは、第三節でも説明してきたように、基本的にこのパラダイムにしがみついて生きることをやめるための「解毒作業」を目的として組まれている。

この「解毒作業」を効果的に行なうために、ワークショップ（数日間から一週間という決まった時間のなかで集中的にセラピーを行なう場）が三〜四カ月毎に行なわれる。暴力、ファミリー・ダイナミックス、ギャング、人種差別など、その時どきのレジデントにあったテーマをスタッフが柔軟に選んでカリキュラムを組む。その方法論も多様で、エンカウンター・グループ、セミナー、サイコドラマ、ビデオ、アートセラピー、ワークブック、読書、ゲーム、ダンス、詩の創作、歌、セレモニーなどを組み合わせて、自分の体験を言語化する習慣を身に付けていく。さらに、各ワークショップの二週間後には、フォローアップのプログラムも一週間程度組まれ、時間をかけて体験を咀嚼していくしくみになっている。

筆者自身は一九九五年十二月に開催されたワークショップ「人格の統合」(integrity)と一九九八年九月の「抵抗」の二つに立ち会った。第四節ではこの二つのなかでの体験を例にあげながら、ワークショップで使われる具体的なメソッドのいくつかを紹介したい。

2 セレモニー

ワークショップの期間中は、いくつものセレモニーが行なわれる。仲間たちに見守られるなかで、それぞれの変化を確認しあったり、互いの良い所を認めあったりという儀式は、アミティを語るうえで欠かせない。

たとえば「人格の統合」をテーマにしたワークショップの初日のセレモニーでは、「家庭」という言葉から連想されることを、それぞれが作文形式で書いて封をし、スタッフが回収した。その後、実際に自分の家庭はどうだったかを回顧する、という試みがなされた。

「子どもの頃、親、兄弟、もしくは自分が大切に思っていた人から、して欲しくないことをされなかったか」「空想上の家庭を作りあげて、そこに時どき逃げ込んだりしなかったか」のような質問がスタッフから投げかけられる。すると、レジデントたちは身体をゆすったり、顔をこわばらせたり、涙を流したり、と動揺を見せ始める。一週間を一冊の本にたとえるなら、初日は序章である。

朝晩にもセレモニーが持たれる。前日の感想を求められたり、自作の詩や歌を披露したり、それぞれのグループからひとりずつ前に出て、グループの誰かについてアファメーション(affirmation:

良いところを見つけて相手に知らせること）を行なったりする。今まで誰にも褒められたことのない人が多いため、どう振る舞っていいのかわからず戸惑い、硬直した表情を見せる人や、些細なことにも涙を流して取り乱す人もいる。これらはエモーショナル・リテラシーの取得訓練という側面もあるようだ。

最終日は、基本的に、初日のセレモニーに呼応する形ですすめられる。一週間かかって明らかにしてきた自らの問題に、ある種の幕を閉じる必要がある。そこで、初日に書いた作文を返却され、読み直し、そして燃やす、というセレモニーが開かれた。今まで自分が描いていた家庭のイメージを燃やす、というだけの簡単な儀式だったが、その後、ほとんどのレジデントがワークショップ中とは全く異なる晴れやかな表情をしていることに、筆者自身驚かされた。

3 ゲーム

ダンスやボール投げを交えたエクササイズも有効に使われている。ウォーミングアップとして初日に使われたり、節目節目で使っているようだった。ダイコトミー・ゲーム（Dichotomy Game）もそのひとつで、軽快な音楽に合わせ、踊りながら歩き、質問に答えて二手に分かれるイエス／ノー・ゲームのことである。子ども時代の虐待を焦点にあてたときは、「〈あなたのためよ〉と言われながら、親から体罰を受けたことのある人は、こちら側に集まって」という問いが投げかけられると、百人近いレジデントの大半が「ある」側に集中した。

そのなかから発言を募ると、初老の男性が手を挙げた。五～六歳の頃、母親から鉄のスコップで頭を殴られ続け、頭がい骨に損傷を受けたという。今でも彼が鮮明に覚えているのは、血だらけになった彼の頭を抱きかかえながら、母親が何度も何度も「愛してるのよ」と繰り返す光景だという。「愛しているなら何故僕のことを傷つけるのか」。その出来事から六十年近くもたつという本人は、いまだに混乱した表情を見せていた。

また別の二十代半ばの女性は、売春婦だった母親から売春を強要されていたことを語った。七歳の頃から客を取らされ、嫌だというとボコボコに殴られた。母親の機嫌を取るために売春をし、ほうびに数ドルを与えられ、母親は客とどこかへ姿をくらまし、何日も戻って来ず、空腹で孤独な思いをする、という日々の繰り返しだったという。

印象的だったのは、特に発言せず、聞いているだけの人の多くが、顔を真っ赤にしてうつむいたり、ソッポをむいたり、モジモジしたりと身体で何らかのサインを表わしていることだった。

また、このゲームはすでに参加者同士の「支え合いの場」となっていた。前述の女性の横に立っていた男性は、その女性が苦痛でゆがんだ表情をみせ、ポタポタと涙を落とし、身体中をくねらせながら、必死で言葉にしようともがいているとき、彼女の肩に腕をスッとまわし、しっかりと抱きしめた。話が終わると、何人もの人が彼女のもとに集まり、「よくがんばったね」と優しい言葉をかけたり、黙って手を握ったり、抱きあいながらいっしょに泣いたりしていた。

4 セミナー

セミナーは、一連のウォーミングアップを受けて過去の体験を思いだすきっかけを与えたり、グループワーク後に、それぞれの体験に意味を持たせたりする役割を担っているといえる。スタッフによる一方的な講義に終わらず、ワークブック*を使ったり、ビデオ鑑賞やディスカッションにも時間が割かれ、インターアクティブであるのが特徴である。

九六年には、アリス・ミラーのパラダイムに関するセミナーが開かれた。ここでは、ワークブックを使い、スタッフがミラーの引用文を読み上げた。そして、さらにかみくだいた表現に置き換えて説明した後に、スタッフ自らの体験と子ども時代を照らしあわせながら、具体例をあげた。その後、皆の場合はどうだったか、とレジデント達に問いかけていった。

なかには、あからさまにバカらしいという表情を見せ、当初は参加を拒む男性もいた。スタッフは彼に、「ただ座っているだけでいい」と言うだけだった。しかしその後、薬物依存症である女性の人生を描いた映画『クリスチーナ・F』を見た後、子ども時代に一番辛かった体験を絵に描くアートセラピーを行なうと、彼はその作業に自ら参加し、没頭した。彼が描いたのは、母親の部屋の前に立ち

---

* ワークブックは、テーマに関連する内容の本や雑誌などからの引用文、「アミティ」を卒業した人びとからの手紙や詩、子ども時代を思い起こさせるような写真やさまざまなエクササイズなどが掲載されており、ワークショップ毎に作成される。

つくす「ちっぽけな自分」の姿だった。そして、あれほど参加を拒否していた彼が、仲間同士で質問しあったり、音楽に合わせたゲームによって閉じこめてきた記憶を喚起させたりするなかで、徐々に語り始め、強い感情を発散させるようになっていったのである。

5　グループワーク

ワークショップの根幹をなすのが、十人前後のグループワークである。セミナー、ゲーム、そのほかのカリキュラムと交互に、グループでの話しあいが持たれる。このグループワークのなかで、それぞれのレジデントがさらに深く、自分自身と向き合うことになっていくのである。

グループで語りあうというスタイルは、ワークショップの期間中だけでなく、「アミティ」の日常の一部になっている。各グループには、進行役としてスタッフが一人加わるが、特に仕切ったりすることはない。しかし、基本的にメンバー構成はスタッフによって決められ、価値観や考え方の異なる人や、来て間もない新参者と卒業を間近に控えている長期滞在者が同じグループに混在したりするので、レジデントのなかにはかならず不満が募る。

この不満自体をグループのなかで表明させることも重要だと考えられている。不満の理由が自分の抱えている問題と密接に関係していることが多く、その不満を明らかにさせることによって、問題そのものも明らかになってゆくからである。

たとえば、筆者が九八年の撮影で立ち合ったグループでは、十九歳のある少女が三十代後半の黒人男性のことを嫌っているように見えた。男性が話し始めると、髪の毛をいじったり、身体を動かしたりして、苛立った様子を見せた。四日目、その男性がレイプの加害体験を語り始めたとき、彼女の不満が露呈した。

「吐き気がするわ！　だから、あんたみたいなヤツとおんなじグループになるのは最初から嫌だったのよ。あんたは、私をおもちゃか何かのように弄んだあの黒人の男とそっくり。顔形もしゃべり方もニオイも！」

少女は吐き捨てるように言った。少年院の出入りを繰り返していたその少女は、薬物使用にはじまり、恐喝、傷害、強盗と、殺人以外はほとんどやってきていた。十四歳の頃から家出を繰り返し、居場所と薬物欲しさに、街で知りあった年配の男性の元に身を寄せていたことや、その男性がグループの黒人男性に似ていたため、ふてぶてしい態度をとっていたことなどを認めたうえで、少女は、被害者の視点からその男性を徹底的に責めたてた。

「被害者の身に自分を置き換えて考えてみることね。どんなに辛くても、そんなことあり得ないって思えても、想像を働かさなきゃ。でないと、あんたは同じ過ちを何度も繰り返すわよ」。

翌日、少女は自らの被害体験を克明に語り始めた。十四歳で父親から性的虐待を受けたこと、路上生活中にレイプにあったこと、グループの参加者似の男性からは日々拷問のような暴力とレイプにさらされ、売春を強要されていたことなど。被害体験を語る際には、爪をかじり、足をカタカタ震わせ、ときには吐き気をもよおし、トイレへ駆け込んだ。今まで自分のなかに封じ込めていた感情が一気に噴出したようだった。

それから数時間後、「今度は、自分が他人に対して行なった加害行為を話してみて」と、デモンストレーターから、加害者としての自分を語ることが要求されると、少女は激しく泣きじゃくりながら話し始めた。バットで殴るなど、長期にわたって幼い弟に暴力を振るっていたこと。また弟や友達に、万引きや恐喝を強要したり、パーティーに誘って薬物を与えたり、今では薬物がないと暮らせない状況にまで追い込んでしまったことなど、はじめて詳細にわたって口にした。

驚いたことに、その間、前日は加害者として攻め立てられていた男性が、少女の怒りを受け止めたり、励ましたりする役にまわっていた。グループワークにおいては自然と、あるときは「被害者」、またあるときは「加害者」、そしてまたあるときはデモンストレーター的な役割を互いが担い合っている。「アミティ」において過去の体験やさまざまな感情を引き出しあえるのは、ロール（役割）が固定せず、こうした多様な関係性がグループで成立するからであろう。

6　サイコドラマ

今まで見てきたように、レジデントのほとんどが、希望を失って当然と思えるような過酷な体験をしてきた人たちである。その失った希望を取り戻すためには、まず、失うに至った過程を見つめる必要があり、さらには希望を見いだしていく作業も必要だ。それはワークショップ全体を通じて行なわれるのだが、なかでも特に重要な役割を担っているのがサイコドラマである。

サイコドラマとは即興劇のことで、モレノ（Moreno, 1934）[14]によって生みだされた集団精神療法のひとつである。大きく分けると、次の五種類に分類される。①一人の主役を中心にして、問題に直面させ、その問題をどのように解決できるのかを発見していくことを目的とする「古典的サイコドラマ」、②複数の役割を演じてリラックスすることを目的とした「オムニバスサイコドラマ」、③社会問題を扱った「ソシオドラマ」、④限定した状況での「ロールプレイング」、⑤訓練されたスタッフが、他人の物語を再現してみせる「プレイバックシアター」（増野、一九九九）[15]。

一般的な演劇と違って、サイコドラマには脚本があるわけではない。それまでグループのなかで話してきた事柄を自分が再現するか、他人が再現するかの違いである。しかし多くの場合、サイコドラマでは、話合いのなかでは出てこなかったディテールが浮かびあがり、断片的な事実が統合されて一つの物語を成してゆき、それに伴う感情がいっそう強く表現されるという印象を持った。さらに、実現しえなかった過去の希望を果たすこともできる。これは、ある種希望を見いだしていくプロセスにもあたる。

「アミティ」でもテーマや状況に合わせて、これらの手法を効果的に使い分けている。九八年のワークショップでは、いくつかの手法をアレンジして、日替わりで使っていた。

たとえば三日目には、レイプをテーマにしたセミナーの後半に、参加者全員でロールプレイングを行なった。十人ずつぐらいのグループに分け、加害者役と被害者役を設定し、それぞれの役がまんべんなくまわるように配慮されていた。ここでは、実際にレイプの被害に会った人や加害行為を行なった人も多い。フラッシュバックなどトラウマの再体験をして取り乱すことも予想され、スタッフによるサポートや、セミナー後のフォローアップも欠かせないようだった。

五日目は、グループワークのなかで、一人、もしくは二人の主役を中心に行なわれる古典的なサイコドラマが行なわれた。主役は、ある程度アミティのプロセスを経てきた人が対象にされる。新参者は傍観者、またはサポーターとして主役の周りを囲む。しかし単なる傍観者も、サイコドラマを目の当たりにするだけで、かなり強烈な体験をすることになる。筆者は撮影者として立ち会ったに過ぎないが、それでもやはり心理的に強い影響を受けた。この場合、ドラマ後のシェアリングが重要になる。主役や傍観者たちは感想を述べあい、決して批判はしない。スタッフは、常に参加者同士のアファメーションを促し、ドラマによってそれぞれがある種の目的を達成したという感覚を持てるように心掛けているようだった。

六日目には、ギャングの生活を描いたプレイバックシアターが、全員の前で上演された。これは、効果音、ライティング、小道具などを使った本格的なもので、前者とはかなり異なり、即興性は薄い。しかし、ギャングに属する若い男性たちが自分たちの現実をストーリーに組み立ててゆき、それを演じる人びとも似たような体験を持つレジデントたちやスタッフであるだけに、むしろ、準備から上演のプロセスすべてに意味があるように思えた。

第五節　日本社会に与える示唆

「自分の行なった問題行為に目を向け、生き直そうとしている当事者たちを探してみて下さい。あなたのそばにもかならずいるはずです。そして彼らの生の声を聴いてあげてください。なぜ、彼らが暴力に走るようになったのか。そして何が彼らを〈変わりたい〉と思わせるに至ったのか。彼らの声のなかに、きっと問題を解くための鍵が隠れているはずです」。

二〇〇〇年四月、「アミティ」の創設者であるアービターら二人が来日。東京や仙台を含む八都市で行なわれた講演会やワークショップで、アービターはこの言葉を投げかけた。

特筆すべきなのは、二千人もの人びとが会場に足を運び、立場を超えた交流が実現できたことである。薬物やアルコール依存者、犯罪被害者、死刑囚の家族、ドメスティック・バイオレンスの加害者・被害者、非行少年の母親、元非行少年、「ひきこもる」子どもの親、カルトの元信者、元受刑者のような、被害者・加害者という立場を超えた、さまざまな問題を抱える当事者たち。または、精神医療従事者、司法従事者、教育関係者、矯正機関職員、保護司など、被害者・加害者を支える人びとが、同じ会場で同じ話を共有し、さまざまな視点から活発な意見交換がなされた。この社会においても、「アミティ」のような活動のニーズが高いことを実感した。

また今回の来日を機に、「〈アミティ〉のプログラムを受けたいが、日本ではいつ始まるのか」という声も高まっている。東京と京都では、立場を超えた人びとが集まり、小規模ではあるが、研究会も発足された。

被害から加害への負の連鎖を断ち切り、もう一度生き直すチャンスを作る。そのためには、まず、本人が過去に負ったトラウマと向き合い、当時から現在に至る感情に表現が与えられ、その表現された感情の声を聞くことから始まるのではないだろうか。

6 ドメスティック・バイオレンスの被害者の心理とその支援

第一節　ドメスティック・バイオレンスの意味するもの

1　はじめに

日本で、家庭内暴力という言葉が思春期の子どもから親への暴力ではなく、「夫／恋人からパートナーである女性に向けられる暴力」の意味で使われるようになったのは、ここ数年のことである。波田（一九九八）[1]は、夫やパートナーからの暴力問題が日本で顕在化するようになったのは、九〇年代に入ってからのことであり、一九九三年の国連総会での「女性に対する暴力撤廃宣言」の成立と一九九五年の第四回北京女性会議で「女性に対する暴力」が重点課題に上がったことが、日本での発展のきっかけになったのではないかと述べている。

行政としては、一九九六年に男女共同参画審議会が「男女共同参画ビジョン」の答申の際、「女性に対する暴力の撤廃」の項目を立て、対処の必要性を求めたことが近年の取り組みの最初である。この答申をうけて、男女共同参画推進本部は、「男女共同参画二〇〇〇年プラン」の重点項目として「女性に対するあらゆる暴力の根絶」を挙げ、政府としてこの問題に取り組むこととなった。また、一九九九年に総理府が全国レベルで「男女間における暴力に関する調査」を施行し、多くの女性が被害にあっている実態が明らかにされた。このように日本での取り組みはまだ始まったばかりである。

アメリカでは、一九七〇年代に取り組みが始まっていたが、これ以前では、やはり日本と同じように家庭内の暴力は黙殺されるか異常な社会病理現象として取り上げられるような問題であった。熊谷（一九八三）[2]は、アメリカの変化は一九六〇年代の暴力事件の多発に伴う社会的暴力への関心の高まりや、女性解放運動と児童の権利擁護の運動の発展、アメリカ社会学が暴力の原因として夫婦の葛藤を重視するようになったことが影響していると述べている。

このような社会的関心そのものの変化のなかで、女性への暴力の調査や対応への取り組みが推進され、一九九四年には「女性に対する暴力法」(the Violence Against Women Act) が制定されるにいたっている。家庭内暴力への支援がすすめられるにつれて、支援者から奇異にみられたことは、やっとのことでシェルターに逃れてきた女性たちがまた、加害者である夫のところにもどってしまうという現象であった。ウォーカー（Walker, 1979）[3]は、実際の被害女性の面接を通してバタード・ウーマン症候群（被殴打女性症候群：battered woman syndrome）を提唱し、「暴力のサイクル理論」と「学習性無力感」という二つの面から、被害者が心理的に抜け出せない状況になっていることを説明した。

また、ハーマン（Herman, 1992）[(4)]は加害者によってつくられた監禁状態が心理的支配の関係を産み出していることと、複雑性PTSDに代表される慢性外傷症候群の二つが暴力状態から抜け出すことを妨げる大きな要因であることを述べている。これらの研究に代表されるような精神医学的・心理学的アプローチによって、「暴力関係にとどまらざるを得ない」という被害者のおかれた精神的状態が解明されるようになってきた。

この章では、ドメスティック・バイオレンスが被害者に与える影響について文献や実際の事例から検討していくことによって、どのような支援が必要かということを深めていきたいと思う。

2　暴力という名の支配

ここで、取り上げたいのは配偶者や恋人などの親密な関係にある男性から女性に向けられた身体的、心理的暴力である。この現象を表わす言葉として、日本では、ドメスティック・バイオレンス（Domestic Violence）という言葉が近年定着しつつあるようである。英語の〝Domestic Violence〟は直訳すると「家庭内暴力」となるが、日本では子どもから親への暴力を指し示すものと混同されやすいので、あえて言語のままカタカナで表記される傾向がある。

しかし、本来ドメスティック・バイオレンスには児童虐待や老人虐待、女性から男性への暴力などの概念も含まれるわけであり、配偶者や恋人からの暴力をそのほかの家庭内における暴力と区別するために、パートナー・バイオレンス（Partner Violence）という言葉を用いる研究者もいる[5]。概念としてはパートナー・バイオレンスの方が適切であると考えられるが、日本語としての定訳が得られていないので、本章では「ドメスティック・バイオレンス」の用語を用いることとした。

ドメスティック・バイオレンスが見過ごされてきた理由の一つとして、夫婦喧嘩の延長にすぎないもので、犯罪とは一線をなすものと思われてきたことにある。それは、児童虐待がしつけの一環ではないと同じように、区別されなければいけないものである。

社会構造論から見ることの必要性は、ドメスティック・バイオレンスが、文化を超えて男女間の社会的優位さのあるあらゆる地域にみられることからも示唆されるであろう。女性学者のデービス（Davis, 1994）[6]は、著書のなかで、ドメスティック・バイオレンスを以下のように説明している。

暴力の起源は社会構造のなかにあり、またジェンダー［社会的・文化的性差］による不平等と関連するような価値観、伝統、慣例、習慣などの複雑な組み合わせのなかにある。暴力の被害者のほとんどは女性であり、加害者のほとんどは男性である。社会の構造は、この不平等性を打ち固める働きをしている。女性に対する暴力は、男性の方が優れており、男性と暮らす女性は男性の所有物であって男性は自分の思い通りに扱うことができるという、ほとんどの文化において見られる観念の産物である。

男性優位社会にみられる「力と支配」(power and control) はドメスティック・バイオレンスの中心的な概念である。「力と支配」という視点から暴力をとらえた場合、必ずしも身体的な暴力のみが該当するわけではない。被害者に恐怖をもたらし、加害者の意に添うようにコントロールする方法は多様である。男女共同参画審議会の「女性に対する暴力のない社会を目指して」答申[7]では、以下の三つの要素に分けている。

(1) 身体的暴力(殴る、蹴る、首を絞める、物を投げつけるなど)
(2) 性的暴力(望まない性交の強要など)
(3) 心理的暴力(怒鳴る、罵る、「○○しないと離婚するぞ」などと脅す、執拗につきまとうなど)

また、アメリカのミネソタ州の救援センターを運営する女性グループでつくられた「力と支配の車輪」*には、支配を行なう内的な原動力である心理的な暴力として、①怯え、恐怖をもたらすよう威嚇する、②おとしめ、罪悪感を抱かせるなどの心理的暴力、③行動の制限、管理によって孤立させる、

＊ この「力と支配の車輪」はミネソタ州ドウルーズ市の Domestic Abuse Intervention Project が作成したものである。この内容については巻末文献(1)から引用した。

④ふるった暴力をささいなことにし、否認し、責任転嫁する、⑤子どもを利用して女性を窮地に陥れる、⑥因習的な男性の特権を利用する、⑦経済封鎖を用いた暴力、⑧身体・生命の安全をおびやかしたり、事を強制するという八つをあげ、これらの支配を完成し、維持するものとして身体的暴力、性的暴力をあげている。

生命の危機などの身体的影響が大きく、また周囲の目にもつきやすいのは身体的暴力であるが、現実には、男性が身体的暴力をふるわなくなっても被害者の心理的ダメージが持続し、またその関係から抜け出せないままであることを考慮すると、心理的暴力の与える効果は身体的な暴力とほぼ同様であると考えられる。ゴッドマンとジェイコブソン（Gottman & Jacobson 1998）[(8)]は、一般のカップルに面接調査をした結果から暴力的な関係にあるカップルでは、身体的暴力以上に心理的虐待が女性が男性から離れていく要因となっていることを指摘した。このようなことから、ドメスティック・バイオレンスとは多様な方法を用いて家庭内において被害者を支配するものであり、それを社会的構造が支えているという見方でとらえることができる。

3　ドメスティック・バイオレンスはごく普通に見える家庭にも潜んでいる

一九九七年に東京都が行なった「日常生活における女性の人権に関する調査」[*(9)]以降、各地の地方自治体で同様の調査が行なわれ、ドメスティック・バイオレンスには極端な地域差が見られず、広く日本各地にみられることが明らかになりつつある。ここでは、一九九九年に総理府男女共同参画室が

表6-1　男女間における暴力の頻度

	総数(n＝2797)		男(n＝1333)		女(n＝1464)	
	何度もあった	一、二度あった	何度もあった	一、二度あった	何度もあった	一、二度あった
命の危険を感じるくらいの暴行をうける	0.6%	2.1%	0.2%	0.4%	1.0%	3.6%
医師の治療が必要となる程度の暴行をうける	0.5%	2.1%	0.1%	1.1%	1.0%	3.0%
医師の治療が必要とならない程度の暴行をうける	2.1%	6.9%	0.5%	2.9%	3.6%	10.5%
あなたがいやがっているのに性的な行為を強要される	2.4%	8.7%	0.6%	3.4%	4.1%	13.6%
あなたは見たくないのに、ポルノビデオやポルノ雑誌を見せられる	0.4%	3.2%	0.3%	1.4%	0.5%	4.8%
何を言っても無視され続ける	3.7%	15.8%	2.9%	19.1%	4.4%	12.9%
交友関係や電話を細かく監視される	1.9%	6.3%	1.2%	5.6%	2.6%	7.0%
「誰のおかげで生活できるんだ」とか、「かいしょうなし」と言われる	2.8%	10.5%	1.1%	9.5%	4.4%	11.5%
大声でどなられる	10.9%	26.8%	5.0%	24.5%	16.3%	29.0%

行なった「男女間における暴力に関する調査[10]」を中心に、ドメスティック・バイオレンスの広がりを考えたいと思う。表6-1に、暴力の内容とそれをうけた男女別の割合を示した。

この調査の結果から、パートナーによって「医師の治療が必要のない程度の暴行」をうけたことのある人は、全体で九%、女性では一四・一%にのぼることが示された。つまり約七人に一人の女性がパートナーから暴行をうけた経験があることを意味している。また、「命の危険のある暴行」のような重度のものから「医師の治療の必要のない程度の暴行」のような軽度のものまでのすべてにわたってそれらを体験した人の割合は、男性より女性の割合が高くなっており、特に重度になるほど男女比で女性の割合が高くなる傾向が見られた。女性も男性に暴力を振るうことがあるから、女性への暴力だけを問題視するのはおかしいという意見を述べる人もいるが、この調査を見る限り、身体的、性的暴力の被害に関しては、男性に比べ圧倒的に女性が多い。ゴッドマンとジェイコブソン(11)は、女性の方が暴力によって怪我をする場合や殺害されるケースが圧倒的に多く、女性から男性への暴力は小突いたりする程度の軽度のもので、男性の暴力に反応した形であらわれることから、男女の暴力は質的に異なっており、同一に考えることはできないとしている。

また、女性の身体的な暴行の被害者を年代別に見ると、二十代が五・八%と少ないほかは、各年代で一八〜二八%と二〇%前後であること、七五・一%が高校卒業レベル以上であること、五四・七%は配偶者の年収が四百万円以上であることから被害者は特別な集団ではなく、ごくふつうの家庭として考えることができる。

これらの女性被害者のうちどこかに相談している人は五四・七%であるが、相談した対象は家族や友人がほとんどで、警察、婦人相談所などの公的な機関や弁護士や医師などに相談した人は五・八%に過ぎなかった。また、どこ（だれ）にも相談しなかった人も三七・八%存在していた。したがって、被害女性で公の形で訴えている人は二十人に一人くらいであり、三人に一人は誰にも相談しないとい

＊（前々頁）一九九八年に東京都生活文化局が行なった調査では、夫やパートナーからの身体的暴力被害が「何度もあった」および、「一、二度あった」と回答した女性は三三%とほぼ三人に一人が被害をうけたという結果を示していることから、やや統計上のばらつきはあるものの七人に一人という値は過大な数字ではないことが考えられる。

う形で潜在したままになっていた。相談しなかった被害女性の理由として多かったのは、「自分さえがまんすれば、なんとかこのままやっていけると思ったから」（四一・二％）、「自分にも悪いところがあると思ったから」（四一・二％）、「相談するほどのことではないと思ったから」（三二・八％）であり、自分に加えられた不当な暴力であるという認識がないことが大きな要因であることが示されていた。

つまり、この状態で窓口だけを増やしても、被害者という自覚が持てないためにそれを利用するに至らないということがこの結果から推測されるのである。この認識が持てないという現象は「男は女性に支配権を有する」という社会的な男女の役割差への容認から生まれているのであろうか。「夫（恋人）からの暴力」調査研究会が行なった調査[12]では、自由記載のなかに、結婚のなかで妻が夫に従うべきであるという社会通念や日本における「家」や「嫁」という意識にしばられてきたという訴えが多くみられている。カンターとジェシンスキー（Kantor, & Jasinski, 1998）[13]は、社会が家族間の力の不均等や伝統的な性別役割を支持していることが男性が支配として暴力を用いることを容認するとしている。さらに個人的なレヴェルにおいては、そのような力の優位性を認めることがより重度の暴力に関連していると述べている。したがって、暴力を容認し、表面化させない要因は、社会認識と個人の認識の両方の因子が組み合わさった形で存在しているのではないかと思われる。

第二節　ドメスティック・バイオレンスの心理

1　ドメスティック・バイオレンスにみられる共通性

ドメスティック・バイオレンスは、どのように被害者を捕らえていくのだろうか。ウォーカー[14]は、二十人ほどの女性を面接したなかで、被害者の虐待歴が非常に似通っていて、被害者の話していない部分まで話を埋めることができたと述べている。ドメスティック・バイオレンスの被害者の話を聴いたことのある人は、多くの同じような感想を持つのではないかと思うのだが、私自身も数名の被害者の話を聞くようになったころに思ったものである。――「なんて似たストーリーなんだろう！」――これはまた、被害者自身の言葉でもある――「まるで私の話を聞いているようでした」――。もちろん個々の被害者の年齢、職業、性格も異なっているし、加害者も虐待行為の内容も違っているにもかかわらず、何かが似ていると感じさせるのだ。おそらくそれは、最初小さな暴力でスタートし、それを否定しているうちに逃れられない状況にはまりこんでいるという過程の類似性ではないかと思う。

ウォーカー[15]が被害女性の話に共通してみられるとしたのは、次の十二の点である。

①はじめの暴力に対する驚き、②予期不能なひどい虐待、③過剰な嫉妬、④異常性欲、⑤激しい虐待の詳細な記憶、⑥虐待の事実の隠匿、⑦過剰な飲酒、⑧極端な心理的虐待、⑨家族へ危害を加えるという脅迫、⑩銃やナイフの恐怖、⑪虐待者が全能であるという思い込み、⑫いつか殺されるという

死の意識。

私が面接したり話を聞いたりした事例では、必ずしもウォーカーがあげたような特徴のすべてが備わっていたわけではないが、いくつかの点では共通性があった。ほとんどの被害者は最初の暴力を無視し、例外的なこととして否定してしまうことや、虐待は多くは予期できないようなささいなことで起こり、なぜそのような暴力をふるうのか被害者が理解できないような理由であったりすること、被害者はもっとも親しい友人でさえも虐待されていることを隠すこと、あまりにも虐待的な環境で絶望的になると虐待者から絶対的に抜け出せないという気持ちが生じ（全能視する）、自分が殺されるか相手を殺すかしか方法がないと思いつめてしまうことなどは、驚くほど共通している点である。この共通点のなかにドメスティック・バイオレンスを組み立てている根本的な枠組みがあるのではないだろうか。

日本でのアンケートによる実態調査は、随分数がなされるようになり、実態としてはほぼ把握されつつあるように思われる。今後は個々の事例を充分に分析することから、支援や介入の手がかりを求めていく段階に入っていると思われる。

この本を書いている最中に、幸いにも私は、既に暴力から抜け出しているサバイバーのAさんから話を聞く機会を得ることができた。プライバシーの保護のためにいくつかの点では変更を加えているものの、重要な点はそのままである。このAさんの体験から、「どうして暴力的関係から抜け出すことがこれほど大変なのか」という点と「どうやって抜け出すことができたのか」という点について検討していきたいと思う。

2 ドメスティック・バイオレンス――Aさんの場合

今から十年以上前に、Aさんが夫となるB氏と知り合ったのは、友人といっしょに海に出かけたときであった。当時のAさんは福祉関係の仕事をしており、自分の意志を大切にする生き方をしてきていた。B氏は自然を愛好するアウトドア派で、オープンで明るく、人懐っこい人柄であった。Aさんもいっしょにいた友人もB氏のことをとてもいい人だと思ったという。そのことがきっかけでAさんはB氏とつきあうようになった。

一年後にAさんはB氏と結婚するが、その頃から少しずつB氏の支配的な言動が目立つようになっていった。B氏は結婚するとすぐ田舎に引っ越してしまい、Aさんもそこへいっしょに行くことになった。そのためAさんはそれまでの職場をやめることになったのだが、田舎の自然な生活にも魅力があったので、自分の夢や希望を捨てたという認識はなかった。今から思うと、そうやって少しずつB氏の要求にあわせて自分の範囲を譲っていたような気がするとのことであった。結婚してからあまりにもあわただしく引っ越したので、まるでさらわれていったようだったと家族や友人に後で言われた。

最初の暴力は結婚後わずか二週間後のことで、きっかけはごくささいなことであった。近所でお葬式があったので、B氏は、Aさんに「数珠を出してくれ」と声をかけた。Aさんは探したが見つからなかったので、「ないみたいよ」と返事をした。そのとたんにAさんは殴られていた。あまりのことに驚いて最初何がおこったかわからず、放心状態になった。座り込んでいるAさんに、B氏は「用意していなかったお前が悪いんだ」と冷たく言って出て行った。Aさんは、これまで誰からもそのような仕打ちを受けたことがなかったし、今までとても自分を気遣ってくれた夫がこのような態度をとったことは、とても現実のことと認めることができなかったので、「あの人はたまたま機嫌が悪かったんだ」と思うことにして、そのことを忘れることにした。

しかし、この出来事以来、B氏はしばしばAさんを殴るようになった。Aさんの昔つきあっていた男性のことなど問い詰め、最後には殴るようなことが出てきた。あるときは何が気にいらなかったのか、夜中に突然起き出して「お前が悪い」と殴る蹴るの暴行を加えたことがあった。このときは殴られて顔にあざができてしまい、隠すのに苦労した。姉や友人が来ると、とても愛想よく迎えるのに、帰った後怒り出してしまうので、なんとか理由を作って友人が来ないようにしなくてはならなかった。引っ越した時点で、Aさんはそれまでの自分の生活や家族、友人から切り離されてしまったわけだが、夫の暴力を避けるため、友人と電話することもおちおちできなくなり、ますます孤立してしまうようになっていた。

時間がたつにつれ、暴力の程度と頻度はしだいにエスカレートするようになった。あまりひどいときに一度隣家に逃げこんだことがあったが、そのときは隣家の人が夫をなだめてくれたが、普通の夫婦喧嘩という形で対処された。病院に行ったときもどうしても本当のことを言えず、自分で転んだと医師に説明した。そのまま実家に帰ろうとしたら、夫が心配そうにバス亭まで迎えにきていて、そのときの様子がとてもやさしくて、結局帰るのをやめてしまった。その当時一番怖かったことは、殴られたことで失明してしまい、二度と仕事ができなくなるのではということだった。

そのうちに子どもが生まれたが、出産のときに実家に帰ったことが気にいらないと、もどった直後に殴られた。夫は結婚前の親切な様子とはぜんぜん違い、家事や農園の仕事もまったくやろうとしなかった。非常にプライドの高い人で、自分では満足のいく職業ではなかったため、職場のストレスでAさんを殴るということが多かった。だんだんエスカレートしてくる暴力に耐えられなくなり、実家に帰ろうとしたときに夫が車で事故にあい、入院した。今から思うと、事故にあうような状況を自分で作り出してAさんをひきとめたかったのだと思う。

結局、仕事ができなくなったので、Aさんの親の援助でAさんの実家の近くに家を借りてもらいそこに住むことになったが、夫は事故の後遺症で働けないからと家でぶらぶらするようになった。そのストレスからか暴力はひどくなり、どんなささいなことでも怒り出すようになった。煙草の火をおしつけるなど残酷なこともするようになった。毎日が恐怖でびくびくしていた。犬の吼え声でもバイクの音でも飛び上がるように驚いた。眠れず、食事もとれなくなり、数ヵ月で十三キログラムも体重が減ってしまった。

夫の収入がないためAさん自身が仕事に出るようになったが、このことがAさんの生活を変えるきっかけとなった。仕事に出ている間は暴力におびえずにすむので、まともにものを考えることができるようになったのである。相変わらず眠れない、食べられないという状況が続いていたある日、何かがプチンとキレて「やめて……」と部屋で叫んでいた。その足で実家へ行って、「眠れないから精神科に連れて行って」と頼んだ。

翌日、姉が仕事を休んで、病院に連れて行ってくれた。精神科の医師は、うつ状態だから抗うつ剤を飲んで仕事を休まなければいけないと言ってくれた。うれしかったのは、医師が「旦那さんはいったいどんな人なんですか」と聞いてくれたことだった。そのときには、暴力のことを言うことはできなかったが、医師は何か問題があることを察して聞いてくれたのだと思う。薬を飲んだらよく眠れるようになり、一週間仕事を休んだ。この間に落ちついて考えることができるようになり、一週間後には離婚の決心をしていた。この当時、夫には別の女性ができていたらしく、あっさり離婚を承諾した。幸いにして夫は、別れた後は親権についてこだわることもなく、連絡してくることもなかった。

それから数ヵ月して、正社員の仕事を見つけることができたが、非常に自信がなく、やれるかどうか不安だったという。一年くらいの間は毎晩つらいことを思い出して泣いていたし、何かの拍子で暴力のことを思い出すと、気分や体の調子が悪くなった。自分が夫の暴力から抜け出せたのは、家族が自分を信じて支えてくれたからだと思う。親は薄々気づいていたようだったが、自分が決断するまで離婚のことをすすめることはなかった。しかし、いったん離婚を決意した後は、それを強力に支えてくれた。友人には恥ずかしくてどうしても相談することができなかった。

当時は、ドメスティック・バイオレンスの概念はまったくなかったので、夫の暴力は自分に何か責任があるのではないかとずっと自分を責めていた。夫もまた、「お前が悪いんだ」とAさんを責めていたことにも影響を受けていたかもしれない。田舎で暴力をうけていたときも近所の人は知っていたと思うが、警察を呼ぶということはなかったし、離婚したときも近所や職場の人から随分詮索された。こんなことになったのは、何か自分がおかしいのではないかと思わずにはいられなかった。

最近になって、新聞や本などでドメスティック・バイオレンスのことを知るようになり、自分の受けていたものはこれだったとやっと分かった。分かったことでとてもほっとした。自分だけが異常なわけではなくて、言わないだけでほかの人も我慢していたことだったのだと言うことが分かって勇気づけられた。今までこんなに詳しく話したことはなかったが、話せたことで何かすっきりした気がする。話そうと思ったのは、自分がほかのサバイバーの話を聞いて勇気づけられたように、自分の話が被害者の支援活動に役にたったらと思ったからである。

十年以上前の出来事で、今までほとんど人に話したことがなかったにもかかわらず、Aさんはつい最近の出来事のようによく記憶していた。Aさんは、特別男女の性役割にとらわれていたわけではなく、資格も仕事ももっていた。支援してくれる実家もあった。そのような資源があったことで、ドメスティック・バイオレンスの専門家の支援を受けることなく脱却できたと考えられる。また、逆にそれだけの内的、外的資源がある人にとってさえ、ここまで追い詰められなければ抜け出せない難しさがドメスティック・バイオレンスにあるとも言える。

表6-2　ドメスティック・バイオレンスの発生要因

1	個人レベルの要因
	① 加害者のパーソナリティ（パートナーへの心理的依存，低い自己評価など）
	② 加害者のアルコールや薬物の乱用
	③ 加害者の生育歴における暴力の学習
2	家庭内環境の原因
	① 結婚への満足度が低いこと
	② 社会経済状況が悪いこと（低収入，社会階層，教育程度など）
	③ ストレスの高い出来事（職業上の不満など）
3	社会文化的要因
	① 男性優位の社会構造
	② 社会的教育における男性優位性
	③ 家庭での男女の性役割の強調

3　ドメスティック・バイオレンスを引き起こす要因

ドメスティック・バイオレンスの発生する要因の一つとして、男性の暴力を容認する社会的背景があることについては前述したが、そのほかにも多くの要因が重なっていることが多くの研究者によって検討されている。この問題が社会に知られ始めた初期の頃は、暴力から逃れた妻がまた夫のところに帰ってしまうことから、妻の側にマゾヒスティック（自虐的）な要素があるとか、夫を怒らせるような言動で暴力を引き起こしているといった見方で、被害者である女性を非難する風潮があった。

ウォーカー[16]は、そのような見方が女性を当惑させ、自責の念を起こさせることで、問題を潜在化させる要因になったとしている。現在では、ドメスティック・バイオレンスの発生する要因の多くは加害者側にあるとする研究者が増えている。これらの研究者の報告を参考に、ドメスティック・バイオレンスの発生要因を表6-2にまとめた。

カンターとジェシンスキー[17]は特に、①世代間暴力（両親の暴力）、②社会経済的なリスクがあること（収入、教育、職業状態）、③アルコール問題、④人格の要因（性的攻撃性など）、⑤そのほかの付加的要因（性差、生物学的要因など）の五つの要因が大きくかかわっているのではないかとしている。Aさんのケースでも、これらの要因の多くが当てはまっていた。夫であるB氏は、暴力的ではないが支配的な母親のもとで育ち、自己優位性を誇示する傾向があったが、実際のところ安定した職業に就けず、いつも大きいことばかりやろうとして失敗していた。その意味で達成感は低く、優位性を誇示したのも低い自尊心の裏返しであったと考えられる。

加害者のパーソナリティについては、ゴットマンとジェイコブソン[18]が興味深い概念を提唱している。彼らは、パートナーに対して暴力をふるっている際の脈拍の変動を調べ、対象者の約二〇％の男性は、言葉が攻撃的になるにつれ心拍数が減少することを発見した。残りの男性は攻撃的になるにつれて興奮し、心拍数の増加を示した。ジェイコブソンらは、心拍数の減るタイプを「コブラタイプ」、心拍数の増加するタイプを「闘犬タイプ」と名づけ、その特徴が異なることを示した。

「コブラタイプ」の男性では、感情面での他人への依存性は比較的少なく、サディスティックな攻撃性を示した。このタイプの男性は、相手が自分の意図を妨害するような場合に攻撃性を強く発揮し、共感性が乏しく暴力をふるうことになんの罪悪感も感じていないため、命にかかわるような激しい暴力となることがある。自分と関係ない部分ではあまりパートナーを拘束せず、しばしばカリスマ的魅力を発揮する。女性と別れてもすぐ次のターゲットを見つけるので、別れた妻への固執は少なくストーカー化することはまれだとされている。

一方、「闘犬タイプ」では、妻への感情的依存は著しく、自分だけのものとしようとするために暴力をふるう。嫉妬心が強く、普段の暴力はそれほど強くないが、別れようとすると激しい暴力をふるうことがある。パートナーの自由を制限しようとするため、パートナーと別れる率はコブラタイプより多いとされている。B氏は暴力をふるうことに関してほとんど罪悪感がなく、比較的Aさんへの固執は少なかったことから、「コブラタイプ」の要素が強かったように思われる。

加害男性がどちらのタイプに属するかは、被害者への介入方針を決める目安になるであろう。コブラタイプの加害者の場合では、被害者が極度に脅えていたり、またそのカリスマ性からか強い愛着を持っていたりすることがあるので、被害者が別れるという決意や勇気を持てるようなエンパワーメントが重要である。

闘犬タイプでは、別れようとしたときに激しい暴力が起こる危険性があることや別れたあとストーカー化する恐れがあるので、安全な環境を作ることに焦点を当てる必要がある。このような加害者のパーソナリティの形成にも関わっているのが、子どもの頃の虐待や両親の暴力の目撃経験である。友田と梶山（二〇〇〇）[19]は、ドメスティック・バイオレンスの子どもへの影響について調査を行ない、子どものいる被害女性の九割が子どもが暴力現場を目撃していることを報告していることを明らかにした。親の暴力を目撃することは、低い自尊心の形成、抑圧された怒りと暴力の学習に結びついている（Stish, & Farley, 1993)[20]。これは特に男性加害者に強い影響を与え、成長した後に他者に暴力をふるう原因となる（O'Leary, 1988）[21]。

シェルターに逃れた女性への調査で、男性加害者の四二〜八一％に暴力の世代伝播がみられたという報告もある[22]。また、親の暴力やひどい体罰は被害女性にも影響を与える。低い自尊心の形成や、愛する人からの暴力は正当であると学習してしまうことによって暴力を容認するために、成人後ドメスティック・バイオレンスの被害者になりやすいと指摘する研究者もいる（Kaufman, & Straus, 1989）[23]。

子どもの頃にドメスティック・バイオレンスにさらされた女性が被害者になりやすいかどうかという点については異論があるかもしれないが、被害者になった場合に暴力と認めることができず、助けを求めることが困難であるとは言えるだろう。子どもの頃に兄からひどい虐待を受けたという女性は、電話で夫の激しい暴力についてたんたんと話しつづけた。話が終わったところでどのようなことを望んでいて、どのようにしたいかを尋ねると、次のように答えた。「どのようにしたいのかと言われても、まったく頭に浮かんでこないのです。兄からの暴力によって私は、暴力とは何かという感覚が麻痺してしまったのだと思います」。

4　ドメスティック・バイオレンスからの脱却はなぜ困難なのか

ここでは、なぜドメスティック・バイオレンスはこんなにも抜け出すのが困難なものなのかという点について考えていきたい。ドメスティック・バイオレンスでは、暴力を受けていても離婚や別居などの形で、加害者との関係から抜け出すことが非常に困難であると言われている。その要因は単一ではなく、いくつかのものが複雑に組み合わさっていると考えられる。

A　加害者への恐怖

被害者は日ごろ暴力をふるわれるだけでなく、「誰かに言おうとしたり、別れようとしたら殺す」あるいは、「自殺する」「家族を傷つける」などの言動で脅かしを受けている。したがって別れようと考えたときに殺されるかもしれないという激しい恐怖を感じることになる。

また、別れたあとの報復に対して強い恐怖を感じている。ゴットマンとジェイコブソン(24)は特に闘犬タイプの加害者ではパートナーが別れようとする気配を感じると激しい暴力をふるうようになり、離婚や別居後もつきまといを続けることを報告している。

B　加害者への愛着

ハーマン(25)は、加害者が被害者を孤立させ、加害者と密着するような生活環境で暴力をふるうことによって、被害者が加害者に対して崇拝にも似た依存感情を持つことがあるとしている。このような状況では、被害者の生命や自由は加害者にゆだねられることとなり、些細な許可や恩恵（自由にできるわずかな金銭や外出の許可など）は天の恵みのような意味を持つことになる。

したがって、被害者は加害者を全能な存在としてみるようになり、自らの判断や意思を加害者側に譲渡してしまう結果となる。ゴットマンとジェイコブソン(26)は、コブラタイプの加害者はときにカリスマ性を発揮して被害者との強い愛着の絆を持つようになると述べている。

このような外傷的な絆ではなくても、恋愛結婚で、過去に加害者とのよい関係を経験している場合には、被害者はこのような加害者の良かった状況こそが真の姿であり、そのような姿にもどってもらいたいために加害者につくす場合がある。パートナーのしていることが暴力であると気づいた被害者が最初に望むのは、加害者から別れることではなく、何とか加害者にカウンセリングをうけてもらい、「もとの優しい夫」や「暴力をふるわない夫」になってもらうことであることも、加害者への愛着があることを示している。

C 社会的自立、経済的自立の困難

経済上の問題は、離婚をためらわせるきわめて大きな要因であると考えられる。加害者はしばしば経済的にも被害者を虐待し、生活するうえで最低限の金銭しかわたさなかったり、被害者が外へ働きにでることを妨害したりする場合がある。そのような場合では被害者は、離婚したあとの生活どころか逃げ出すためのお金さえないことがある。

また、被害者は加害者から侮辱されたり、無能だとばかにされることによる自尊心の低下や、自分の問題に対処できない無力感などから、自律した生活を営むことへの強い不安を持っている場合がある。特に社会的な仕事の経験がなくすぐ家庭に入ってしまった場合では、自立への不安から仕方なく加害者と同居している場合も少なくない。福祉制度やそのほか公的な助成制度についてもしばしば知識がなく、自分で生活することは不可能だとあきらめている場合がある。

D　子どもや老人などほかの家族への責任感

子どもや老人がいる場合、別居や離婚は困難になってくる。特に子どもに対しては加害者が暴力をふるわず、子どもも愛着をもっているような場合では、子どもにとっては父親が必要ではないかという考えから離婚をしない場合がある。

また日本では、離婚に否定的な社会的見方があることから、子どもの就職や結婚のときまで離婚を我慢することもめずらしくない。さらに、子どもが幼かったり、介護の必要のある老人を抱えている場合では、いっしょに連れて逃げることが困難であるため、留まらざるを得ないことがしばしばである。

E　社会的認識

日本では、家や嫁といった考え方が強く影響している場合がある。特に高齢の被害者の場合では、妻よりは嫁としての関係が支配して、婚家が夫の暴力を世間に隠し婚姻関係を維持するように圧力をかける場合がある。また家長制度が強いところでは、夫の暴力の原因を妻の至らなさが原因であるなど、被害者に責任を求めることがある。このような「嫁を責める」言動が、嫁ぎ先だけでなく実家や仲人、知人などから行なわれると、女性はどこにも相談できず、孤立感にさいなまれるようになる。

F　被害者の心理状態

ドメスティック・バイオレンスの被害者があたかも「心の檻」に入ったような特殊な心理状態を呈することについては、いくつかの理論が提唱されている。

a　暴力のサイクル理論（Walker, L. E., 1979）[27]

――ウォーカーが提唱したきわめて有名なこの理論は、ドメスティック・バイオレンスの暴力は単純なものではなく、三つの相に分かれてサイクルを形成しているというものである。

第一相「緊張の高まっていく時期」――このときには夫のイライラによる些細な暴力事件が起きたりするが激しい暴力には至らない。被害者はこのような出来事を否認し、無視しようと努める。なんとか暴力がおこらないよう加害者の機嫌をとったり、子どもたちを静かにさせるなどの操作をする努力を続けるが、徐々に家庭内の緊張が高まっていく。

第二相「激しい虐待」――この緊張のバランスが壊れて、ある日、突如激しい暴力が発生する。暴力の多くは、予測不可能な形で出現する。コントロールがきかない破壊的な暴力であり、生命に危険の及ぶことさえある。被害者はショックのあまり麻痺や虚脱を呈し、対処行動が取れないことがある。

第三相「優しさと悔恨、愛情」――第二相は通常数時間で収まり、そのあとには加害者による謝罪や和解が見られる。しばしば加害者は土下座や贈り物などの過剰な償い行動を見せる。この時期はあまり長く続かず、またしばらくすると第一相に入ってしまう。

ウォーカーはこの三つの時期が周期をなして繰り返されることが特徴であるとした。特に、和解の時期があることが重要で、被害者は加害者の和解を信じ、こちらが本当の姿だと思い込んでしまうことが見られる。それによって、被害者は暴力の時期を否定し、なかったことにしてしまう。しかし、このサイクルはどんどん短くなり、和解の時期はほとんど見られなくなってくると被害者も暴力を認めざるを得なくなってくるが、その時期にはもはや抜け出すことが困難になっていることが多い。

b　学習性無力感（Walker, L. E., 1979）[28]――ウォーカーはアトランダムな攻撃を繰り返し与えられた動物が、無気力になり刺激を避けようとしなくなる現象を、ドメスティック・バイオレンスの被害者に適用した。ドメスティック・バイオレンスでは暴力はしばしば、加害者側の欲求によって被害者が予期できない形で繰り返し与えられる。これはまさに実験動物のおかれた状況と同じであり、被害者はそれに最初は対処しようと試みるが、それが無駄なことを悟るとついには無気力となってしまい、逃れうる状況におかれても逃げなくなるというものである。

c　複雑性ＰＴＳＤ（Herman, J. L., 1992）[29]――ドメスティック・バイオレンスの被害者の精神的影響としてＰＴＳＤ（Posttraumatic Stress Disorder：心的外傷後ストレス障害）があげられる。ハウスキャンプとフォイ（Houskamp, & Foy, 1991）[30]は、ＤＳＭⅢ－Ｒのクライテリアでは、バタードウーマンの四五％がＰＴＳＤの完全なクライテリアを満たしていたとしている。

ＰＴＳＤの症状は暴力に反応して見られるもので、健忘や麻痺による暴力への直面化を避ける反応やＰＴＳＤの症状が続いていることによる疲労や苦痛が抜け出すことを阻害する可能性も考えられる。

ハーマンはドメスティック・バイオレンスのような長期に反復する被害の場合には、被害者の人格や対人関係、信念なども影響をうけてしまうということから、複雑性ＰＴＳＤという概念を提唱している。

複雑性PTSDは、①自傷や爆発的な怒りなど感情の制御変化、②外傷的事件の健忘あるいは過剰記憶などの意識変化、③孤立無縁感あるいは主動性の喪失などの自己感覚変化、④加害者への全能性の非現実的付与などの加害者への感覚の変化、⑤孤立とひきこもり、親密な対人関係を打ち切るなど他者との関係の変化、⑥維持していた信仰の喪失、希望喪失と絶望の感覚という六つの項目からなっている。

実はこのなかには、ウォーカーの提唱した学習性無力感をはじめ、被害者が心理的に抜け出せなくなるほとんどの要素が含まれている。ウォーカー自身も後年、自分の説のなかにトラウマの反応として無気力な状態が出現することを述べるようになるが、被害者の無気力、否定、加害者との関係への認識の異常などはすべてトラウマの反応として現れてくるものという認識が近年高まってきており、被害者への精神医学的な介入の重要性が増している。

d うつ病、抑うつ状態――PTSDと並んで、ドメスティック・バイオレンスの被害者で問題となるのは抑うつ状態である。ギルス＝シムス(Giles-Sims, 1998)[31]は、さまざまな調査を総合すると、ドメスティック・バイオレンスの被害女性の五〇％以上は臨床的に診断がつけられるうつ状態に陥っているとしている。うつ状態は無気力や意欲の低下、疲労感、悲観的な感情を引き起こすため、虐待的状況への悲観的見通しや、逃げようとする気力の喪失をきたし、それだけでも充分離婚や別居が行ないがたい理由になるものである。

e　サバイバーズ理論──ゴンドルフとフィッシャー（Gondolf, & Fisher, 1988）[32]は、従来の被害者を無気力な弱い存在と考える見方に反対して、被害者の多くは暴力に対し自己主張をし、論理的な行動をしていると述べた。問題はむしろ、被害者が助けを求めた機関の無理解や対応のまずさにあり、援助を求めてもよい結果をえられないことを繰り返していくうちに無気力な状態は形成されていくものであり、地域での被害女性への理解や対応の改善を求めた。

このように被害者を暴力的関係に留める要因は多様であるが、共通していることは、被害者の暴力を受けているという認識をゆがめ、自分の持っている力への信頼を失い、気力や意欲を喪失させる方向に働いているということである。事例であげたAさんは、なかなか離婚を決断できなかった理由として、夫の暴力が異常な犯罪行為という認識がもてなかったこと、その原因を自分の問題と考えていたこと、子どものために父親が必要ではないかと考えたこと、いつかは夫が変わるのではないかという非現実的な希望をもっていたことなどを挙げていた。

特に彼女が協調していたのは、ドメスティック・バイオレンスが夫側の問題であると認識できなかったことから、問題を否定し、現実にはありえない夫が変わるかも知れないという幻想にしがみついてきたことであった。彼女は物理的にはそれほど拘束されることはなかったが、眼に見えない「心の檻」に囲まれていたようであった。

第三節　「心の檻」からの脱出

1　「被害者」という認識こそが第一歩

Aさんの話に見られたように、ドメスティック・バイオレンスでもっとも重要なのは、自分に行なわれている行為が暴力であり、それは加害者に責任があるという認識を持つことである。そのためには、まず知識・情報を得ることと、被害者を肯定し支える人の存在が重要である。

Aさんのように、ある日突然「何かがキレたように、こんな生活には耐えられないと感じた」という被害者に何人か出会った。それは、被害者の内部で起きた自立の芽生えだと思うが、それをさらに推し進めるには支援者がどうしても必要になってくる。ある被害者は、「自分がそれを感じただけだったらまた日常にもどってしまっただろうけれど、友人が弁護士を探してきていっしょに行ってくれたことが変化の引き金になった」と話した。ドメスティック・バイオレンスは被害者を屈従させ、意思や気力を奪い、否定するものである。したがって被害者を肯定し、その意思を尊重して自立を促す支援者の存在は、加害者の支配からのがれるためにもっとも重要なものなのである。ドメスティック・バイオレンスの被害者への支援者には以下のことが求められる。

A　支援者と被害者は対等の関係である

善意であっても、「気の毒な人」というような同情は被害者の自尊心を著しく傷つけるものである。被害者に対してサバイバー（survivor）という言い方をすることがあるが、そこには苦しみに耐えて生き抜いてきた人という、より肯定的なイメージがある。このような見方をすることによって、被害者への尊厳が生まれるであろう。また、医療関係者や司法関係者は、自分が被害者に対して力を行使できる立場にあることを忘れがちであるが、力の差のあるところでは、コントロールしようとする意識が働き、加害者と同じように被害者を支配してしまう危険性がある。

B　被害者を再被害化（二次被害）しない

医療機関は二次被害が起こりやすい場所である。被害者は長期の虐待によりさまざまの精神症状を抱えるため、精神科を受診することがある。医師から「精神的におかしい」と扱われ、話をまともに取り上げてもらえないあるいは信じてもらえないという経験をする人もいる。また、理解不足から、逃げ込んできたのにもかかわらず、保護者として加害者である夫を呼んでしまうという場合があることも注意するべき点である。

C　対応の基本は被害者の有力化（empowerment）である

犯罪の被害の本質は相手の自律心を奪い、無力化してしまうことにある。したがって、支援はその逆に有力化が基本となる。有力化とは、被害者が自分の力とコントロールを取り戻せるようにしていくプロセスである。過剰に被害者を保護したり、問題に直面させないことは被害者自身の「自分は何もできない」という思い込みを強化してしまい、逆効果になることを知っておく必要がある。有力化のもっとも有効な方法は、すべてのことを本人の同意と判断によって行なうことである。いかなる小さなことに対しても、本人が判断できるだけの情報や選択肢を提供し、同意を求めることにより、被害者はすべてが自分の意志によってなされることを実感でき、自己への信頼感の回復につながるのである。

D 被害体験を話すことは重要な回復の手段である

その際に共感をもって傾聴されることと、悲しみや怒りなどの感情を受け止めてもらうことが必要である。

トラウマ体験は、被害者にとって受け入れたくないものであり、抑圧された記憶として残留し、さまざまな精神的、行動的障害の原因となっている。このような異質な記憶を人生体験として位置づけるために、体験を言語化するのは有効な方法である。体験の言語化するときには、感情が表出されることが重要であり、その感情は否定されることなくむしろ、当然のものとして支持されることが必要である。

2 暴力と支配に立ち向かう力を得る――個人と社会の二つのレベルのエンパワーメント

被害者へのアプローチには、電話相談やシェルター、警察など物理的に被害者を加害者から保護するものと、被害者の心理的変化を求めるように働きかける二つの形がある。個人的なアプローチは認知に働きかけ、行動面での変化を促すものが多い。

ダットン（Dutton, 1992）[33]は、個人的治療の目的は、①保護、②被害者の選択および問題解決の強化、③心的外傷による症状を癒やすことであり、そのためには認知-行動的かつ支持的な関わりが必要であるとした。

ウォーカー（Walker, 1994）[34]は、さらに集団療法を行なうことによって孤立感や恥辱感、罪悪感が和らぐとともに、社会的技能（対人交流など）や他者への信頼感の回復が計られることから、個人療法と集団療法の両者が必須のものであるとしている。

社会レベルのエンパワーメントは地域に根ざした段階的プログラムである。もっとも重要なのは、安全のプランを作成することであって、そのためにはシェルターなどの安全を確保できる場所がどうしても必要となる。現在、日本では民間のシェルターのない地域では、婦人相談所がその機能を果たしている。また、ストーカー対策をはじめ警察でもドメスティック・バイオレンスは犯罪であるという認識のもとに介入を行なうようになり、日本社会の構造も徐々に変化しつつある。

以下に社会レベルでの介入を段階ごとに示した。

a　第一ステップ――自分がバタード・ウーマンであることを認識し、このような状況から逃げ出さなくてはならないことを理解する（地域での啓蒙、心理教育プログラム、女性の相談電話など）

b　第二ステップ――助けを求め、虐待者から離れて安全を確保する（二十四時間のヘルプライ

ン、地域の援助機関――婦人相談所、警察など、安全の確保できる場所――婦人保護施設、母子寮、シェルター）

c　第三ステップ――安全な場所で心と体の癒やしを得る（心理教育プログラムによって自分の状況を客観的に理解する、スタッフやカウンセラーに自分の問題を話し、共感してうけとめてもらうことで力を得る、自助グループへの参加）

d　第四ステップ――自分の力をとりもどし、心理的、経済的、社会的自立への準備をする（離婚などの決定にともなう法律支援、カウンセリングなどによる心理的自立、経済的・社会的自立への支援（母子寮、福祉サービスなど）

日本のドメスティック・バイオレンスへの取り組みはまだ始まったばかりであり、民間シェルターの数も非常に少なく、被害者の需要には応えられない状況である。しかし、婦人相談所や母子寮、また医療機関などの地域資源が被害者への理解を深め、有機的な連携を行なうことができれば今の地域の考え方そのものの変化を促す力になっていくだろう。

Aさんを始め数人の被害者は、暴力的関係から抜け出す決意を支えてくれたのはたった一人の友人、一人の家族であったと話してくれた。ドメスティック・バイオレンスは非常に複雑で長期間にわたる問題である一方、被害者は潜在的な力を持っており、ただ一人ほどの支えがあれば充分回復のきっかけになるのである。

7 女性犯罪者の被害と加害
――殺人者を中心に

第一節　はじめに

犯罪者に関する論説や研究は、通常男性犯罪者を対象として行なわれることが多い。女性の犯罪者について述べるときは、「特に女性を対象としている」と断ってから述べることになる。本稿では、被害体験と加害行動の関係を中心に、男性と女性の犯罪における共通点と相違点とに焦点をあててみたい。

女子刑務所に収容されている女性犯罪者を見ると、大雑把に述べて、二種類の人たちがいるという印象を受ける。一つは、思春期の頃から、万引、売春、薬物乱用などの問題行動を生じさせ、非行・犯罪文化に馴染み、成人後も覚せい剤乱用や窃盗で刑務所入所を繰り返す人たちである。彼らの刑期は比較的短いが（一～三年といったところか）、刑務所を出てしばらくすると、あるいはすぐに舞い戻ってきて、刑務所内で幅を利かせる。彼女たちの異性関係や家庭生活は安定しない傾向が強く、非行・犯罪性の高い者としか交流がなくなっていく。もう一つは、それまで非行・犯罪歴はなく、「普通に」暮らしていたものが、成人後に殺人などの大きな罪を犯して、長期間（八〜二十年といったところか）刑務所に収容されることになった者たちである。彼女たちの生活態度や価値観は、基本的には一般の人びとと変わるところはない。むしろ真面目すぎるくらいに真面目である。多くは、家庭内の葛藤（夫や内縁の夫、舅・姑、子ども）を主とする対人関係上のもつれから一過的に大罪を犯す。これら水と油のような人びとが十代後半から七十歳、八十歳代まで集団生活を送っているのが女子刑務所である。出産もあれば、死もある。最近では、そこに外国人収容者も加わり、非常に多彩なハーモニーと不協和音とを日々奏でている。一見ばらばらに見える彼女たちではあるが、通奏低音のように基底に流れている共通項を理解するキーワードは、「激しいストレスに対する（社会的には不適応な）反応としての犯罪」および「依存をめぐる葛藤」（愛着）であると、筆者は考えている。

第二節　激しいストレスに対する反応としての犯罪

非常に強いストレスに長期間さらされると、人は、身体、情動、認知、人格等さまざまな機能に影響を受ける。日頃は、あるいはそれまでは何の問題もなく、適応的に生活していた人が、突然の災害や犯罪被害により、あるいは職場や住居が変化したことにより、それまでの自分がどこへ行ってしまったのか、嘘のように適応が困難になることは珍しいことではない。いったん機能の出来上がった成人でも、そうした激しいストレスの影響は深刻なのだから、人格ができあがる途中の子どもへの影響の複雑さや甚大さは、さらに深刻であろう。

子どもの頃受けたトラウマは、境界性人格障害、身体化、解離性障害、自傷、摂食障害、薬物乱用、行動上の問題（非行）などのさまざまな障害を引き起こすと考えられている。こうした障害とトラウマとのあいだには、一対一の関係はない。すなわちトラウマを受けた人が必ず何らかの障害を生じさせるとは限らないし、どのようなトラウマ体験がどのような障害を引き起こすかも明白にはされていない。トラウマの種類、受けたときの年齢や受けた長さ、二次被害、環境の対応、トラウマ以前と以後の愛着のパターン、気質、能力などの要因が複雑にからむと考えられている。一般には、より発達早期からの、より長く続く対人関係におけるトラウマの方が、発達後期の、より短いあるいは一回きりの非対人的なトラウマより深刻な影響を与えると言われている。

トラウマの長期的影響としては、①感情調整の障害、②自己破壊行動、③解離、④感情を言葉に置きかえる能力の喪失（すなわち身体化あるいは行動化）があげられるが、解離、身体化あるいは行動化、自己統制の欠如は、あいまって子どもの人格発達に深刻な影響を与える。それは、一つにはトラウマの内在化であり、もう一つにはトラウマの反復強迫である。極端なストレスを受けた人は、自己認識、世界観を侵食され、基本的な信頼感や自己同一性に否定的な影響を受け、対人関係に過敏ではあるが、他者の意図や気持ちを読み違え、ほかとうまくつながれない、また自己の内的統制感に乏しい傾向が生じてくるとされている。彼らは、特にトラウマの意識を欠く場合、被害者と加害者の両方の役割を演じながら、同様のトラウマ体験に、繰り返し陥っていく。

こうした複雑性のトラウマへの反応として、DSM-Ⅳ のPTSDの定義作成に携わった委員会は、より包括的なPTSDの定義に向けて、「ほかに特定されない極端なストレスによる障害」（DESNOS）として、診断基準案をまとめている（表7-1）。彼らによれば、DESNOSの患者の症状の多くは、トラウマが発生した時期の発達レベルに見合ったトラウマ体験への適応の表われとして説明できる。患者は、トラウマを受けたときの情緒的、認知的発達レベルに固着する傾向があり、その発達レベルに応じた手法で現在のストレスに対処しようとすると考えられるのである。(1)

非行少年や犯罪者は、信じられないほど「子どもっぽい」。外見はちゃんとした大人でも、感情や思考は思春期の少年であったり、幼児であったりする。非行少年を指導する際にも、年齢相応の自律を期待しても無駄なことがある。いけないことはいけないと外から規制することが最適であったりするのである。

このDESNOSという概念は、非行・犯罪の基盤にある機制を理解するのにも有益であると筆者は考えている。すなわち非行少年や犯罪者は、激しいストレスへの反応として、行動上の問題を生じさせていると考えている。以前に筆者は、「暴力の再生産過程――被害と加害の円環」として、虐待的環境が、いかにして被害者を加害者へと転じさせていき、かつ世代間でも暴力を伝達していくかという過程について仮説を述べた。(3) DESNOSは、虐待的環境（暴力：対人的な激しいストレスの一

表7-1 ほかに特定されない極端なストレスによる障害
(Disorders of Extreme Stress Not Otherwise Specified : DESNOS)
の診断基準案 (Van Der Kolk, 1996)[2)]

A 感情の覚醒を制御する機能の変化
  1) 感情制御の慢性的障害
  2) 怒りを調整することの困難さ
  3) 自己破壊的行動及び自殺企図
  4) 性関係を調整することの困難さ
  5) 衝動的で危険に飛び込むような行動
B 注意および意識における変化
  1) 健忘
  2) 解離
C 身体化
D 慢性的な人格の変化
  1) 自己知覚の変化――慢性的な罪責感と恥の意識――自責感，無能感，自己毀損感
  2) 加害者に関する知覚の変化――（加害者から）取り込んだ歪んだ信念，加害者の理想化
  3) 他者との関係の変化
    a） 他者を信頼し，関係を維持する能力の欠如
    b） 再び被害者となる傾向
    c） 他者に害を加える傾向
E 意味体系の変化
  1) 絶望感と希望喪失
  2) 以前抱いていた信念の喪失

つ）が与える感情的、認知的、行動的影響を示していると考えられる。それが一部の被害者をして、加害者をも演じるトラウマの反復強迫へと導くのである。男性犯罪者においても女性犯罪者においても、この被害者が加害者に転じていく際の基本的機制は同様であると考えているが、おそらくストレスへの反応の在り方を媒介する「愛着」の在り方が、男性と女性とでは異なっているのであろう。このことを詳しく見る前に、まず女性犯罪者とはどんな人たちであるのかを見ておきたい。

第三節　女性犯罪者はどんな人か

「犯罪者はどんな人か」という問いに答えるのは簡単である。「十代後半から二十代の男性である」と答えれば、かなりの高い確率で正解である。それくらい女性の犯罪者は数のうえでは少ない。平成十二年度版の『犯罪白書』によれば、[4] 交通関係業過を除く刑法犯検挙人員に占める女子の比率（女子比）は、平成六年以降上昇の傾向にあったが、平成十一年には減少に転じ、二〇・六％である。そのうち女子少年が約半数（四八・八％）を占めている。同年の交通関係法令違反を除く特別法犯における女子比は一六・六％である。加えて、女子は男子に比べて、起訴猶予率、執行猶予率が高く、平成十一年の女子新受刑者は、新受刑者全体の四・九％を占めるにすぎない。興味深いことに、この比率は多少の寡多はあれ、世界共通である。少なくとも、法で裁かれる女性犯罪者が、男性犯罪者に比べて極端に少ないことは文化を越えて見られる現象である。

なぜ女性の犯罪者は男性に比べて著しく少ないのか、という疑問に関しては多くの議論が行なわれてきた。大きく分けると社会的要因を重視する立場と、生物的要因を重視する立場とがある。前者は、女性という性役割が社会的進出を妨げ、攻撃的行動の表出を抑止し、また司法制度のなかでも寛容に扱われてきたという論である。したがって、女性の社会進出が盛んになり始めた一九七〇年代、八〇年代には、それが女性犯罪を増加させるか否かが真剣に議論されていた。

より最近では、男女の生物的違いを強調する論が勢いを盛り返している。それは、たとえば男性ホルモンと女性ホルモンの作用の違いであり、脳の機能や構造の性差であり、生物としての男性性と攻撃性との結びつきを説く。

事実、犯罪との関連が大きいとされる反社会性人格障害においては、有病率は男性において有意に高い。女性の場合、犯罪者であるとしても、演技性人格障害の比率が高くなると考えている研究者もいる。反社会性人格障害あるいは精神病質（サイコパチー）の男性と演技性人格障害の女性とがペアを組むと、両者は相互にその犯罪性、加虐性を強め合い、高め合い、向かうところ敵なしの犯罪者カップルとなる可能性が高く、また、まずいことに両者は相互に引かれ合うとも言われている。[5] 著名なところでは、映画『俺たちに明日はない』に描かれている米国の銀行強盗カップル、ボニーとクラウドといったところであろうか。

一般に女性と犯罪は相性のよい組み合わせではないが、もちろん女性犯罪者は男性犯罪者に比べて、数は少ないもののいることはいる。女性犯罪のなかで多いものは窃盗である。平成十一年の女性の刑法犯検挙人員の約八割を窃盗が占めており、うち八割が万引である。女子比が比較的高い罪名は、窃盗、放火、殺人、横領などであり、殺人のうち、平成十一年の嬰児殺し十九名はすべて女性である。恐喝、傷害、強盗といった粗暴犯においては、女子では未成年者の占める割合が高い（順に、七九・九％、七四・五％、五七・三％）。特別法犯では、覚せい剤取締法違反がもっとも多く、三〇・一％を占め、ついで毒物劇物取締法違反（一七・一％）が多い。ほかに大麻取締法違反と麻薬取締法違反とを合わせると、女性特別法犯のうち約半数が薬物乱用に関わる罪を犯していることになる。ほかに女子比が高い特別法犯は、売春防止法違反、風営適正化法違反、入管法違反である。(6)

女子受刑者となると覚せい剤取締法違反は約半数（四七・七％）を占め、窃盗（二〇・五％）、詐欺（八・五％）をはるかに上回っている。第四位は殺人（四・六％）である。覚せい剤取締法違反は罰金刑がないため懲役刑となってしまい、初回は執行猶予がつくことも多いが、結局乱用をやめられず、服役することが多いからであろう。いずれにせよ、女子刑務所では、石を投げれば覚せい剤乱用者にあたるといった状態が、ここ二十年ほど続いており、司法制度および矯正行政としては、治療的処遇や再乱用防止への働きかけを含めて、彼女たちへの対応が重要な課題となっている。

刑務所における受刑者に占める割合では、覚せい剤取締り法違反者に水をあけられているが、窃盗も看過できない。社会全体が貧しかった時代には、「生活のため」に盗みを行なう者も多かった。彼女たちは概ね貧しい家庭の出身で、学歴は低く、知的に開発されていないためもあろうが、知能指数も平均よりやや低い。彼女たちの夫あるいは父は、アルコール依存症で働かず、家には生活費を入れずに、家族には暴力を振るう。子どもたちに充分な食事や教育も与えてやれない。刑務所内では大人しくて従順で、何の問題もない。しかし、出所するとまた盗む。夫が暗に生活費や酒代を稼いでくることを要求していることも多いし、困窮した生活状況があって、ほかに助けてくれる人もいなくて、窃盗のやり方を知っている、となれば水が低きに流れるように再犯に至る。彼女たちが、「かわいそうな女囚」のイメージの源泉であった時代もあった。こうした構図では、家族あるいは社会の犠牲者としての女性窃盗犯という物語が納得されやすかったのであろう。今でも高齢の女子受刑者のなかには、こうしたタイプもわずかながらに見られる。

しかし、飽食の現代日本では事情も変化している。一見何の不自由もない「奥様」が、わずか五百円の、たとえばヘアブラシを万引きし、何度も許されては繰り返し、結局受刑し、一度受刑歴があると、五百円の万引きでも簡単に再受刑となる。累犯加重が加われば、五百円で一年を越える刑期にもなりうる。どう考えても割に合わないし、本人も深く後悔している様子なのだが、繰り返す。こういう場合は、クレプトマニー（盗癖）と呼べるのであろうが、裏には家族、特に（内）夫への依存をめぐる確執があることがほとんどである。すなわち、盗癖も薬物依存と同様に、背景に依存の問題を有する衝動の統制障害、嗜癖としてとらえることが適切になる。

女子受刑者で、意外に（？）多いのが、殺人である。女性においては、男性に比して、殺人の占める割合は相対的に高い。ここでは紙面も限られていることであり、殺人という究極の攻撃性、愛着を断ち切る、取り返しのつかない加害行動を犯した女性に関して、そのトラウマ体験という面から考えてみたい。その前に、まず女性の殺人者たちとはどのような人たちであるのか、簡単に見ておこう。

殺人の被害者というと女性を思い浮かべる人も多いかもしれないが、被害者も男性の方が多い。殺すのも殺されるのも、男性が主、しかも十代後半から二十代後半に集中している。女性の被害者も二十代が多いが、これは彼女たちが同年代の男性と接触する機会が多いからであろう。ちなみに米国などの多民族国家であれば、殺人は同じ人種内で生じることがほとんどである。

女性が殺人を犯す場合、それは圧倒的に家庭内の殺人である。被害者となるのは、嬰児、乳児、幼児などの自子、夫や愛人、舅・姑である。被害者が子どもであれば、乳房や布団、あるいは手で窒息させることは身体的には容易である。身体的暴力、養育放棄など、虐待の延長として死に至らせることもある。これらの虐待死、あるいは更に極端に妊娠中絶がすべて「殺人」として計上されれば、女性の犯罪率は跳ね上がるに違いない。もちろん性被害による妊娠に対する中絶などの場合、妊娠中絶を「殺人」として計上するのは不適切であるという考えもあろう。

被害者が成人である場合、通説では、包丁などの家庭用品が凶器として使用されることが多いとされる。薬物や放火も、非力な女性にとっては、使いやすい凶器と考えられている。また女性の場合、男性を「凶器」として使うこともあると考える者もいる。しかし、これらの通説に関しては、信頼できるデータはない。(7)

第四節　「獲物を狙う獣」と「猫を噛むネズミ」

殺人を掠奪性殺人と感情誘発性殺人とに分けることが、殺人者のパーソナリティや彼への対処方法を考える際には有効である。(8) 前者は、いわば獲物を狙う獣であり、後者は猫を噛んだ窮鼠であると、考えるとイメージしやすいかもしれない。

掠奪性殺人では、「殺人」という考えに自我違和感がない。むしろ快感情として表現される。恐れや狼狽はなく、「殺されてあたりまえ。俺が殺してやった」といった自我肥大をともなって述べられる。したがって、意識的な計画と犯罪行為への準備行動が見られる。事前に凶器を試したり、アリバイ作りをしたり、犯行が露見しないための数々の工夫をする。いわばクールな、冷たい殺人である。人格構造としては精神病質が予想される。

彼らは、犯行前にはどうやってやるか空想していたと言い、犯行中の記憶はないと嘘を言い、犯行後には見つからないように死体を「ごみ捨て場」に移そうとしたなどと述べる。犯行前には興奮とわくわくした感じを、犯行中の無感情、犯行後には被害者に対する軽蔑と自己の優越性への喜びを感じたと報告するかもしれない。

筆者の乏しい経験では、男性殺人者には掠奪型は珍しくないが、女性では未だ直接お目にかかったことがない。マスコミ報道などで見る限り、和歌山カレー毒殺事件の被告が、女性には珍しい掠奪型であるかもしれないと推測している。

女性殺人者の場合はほとんどが感情誘発型である。被害者を殺害しようとする考えは、自我違和的であり、不安あるいは不快な感情とともに語られ、恐れや狼狽を見せる。専門家や友人の助けを求めて本心から泣く。自我肥大や万能感はない。統制を失ったという切迫感があり、罰や復讐を恐れている。考えたくないのに考えてしまうという強迫的思考が見られる。この人たちは、不安感あるいは説明不能な理由により、「護身用」としてナイフなどを持つ。犯行まで凶器を試すことはない。不信感、警戒心は強いが、犯行の責任を小さくしたり、逃れようとしたりはしない。

彼らはたとえば、犯行前に突然の予期せぬ緊張の高まりと怒りを感じ、犯行中には圧倒され、コントロールを失った感じを、犯行直後には緊張や怒りが収まったと述べる。行動としては、落ち着いて友達と話していたが、突然ナイフをつかんで友達を刺し、刺した後、慌てて我に返ったように、被害者を助けようとするといったことが見られる。

人が亡くなっているという結果に差はないので、こうした区別は意味がないと考える人もいるかもしれないが、暴力行為が自我親和的である人と自我違和的である人とでは、今後の行動変化の可能性および社会に与える脅威という意味では差がある。前者では、変化への動機づけがないので、今後も社会にとっての脅威で有り続ける可能性が高い。唯一の対応策が隔離拘禁であることも有りうる。後者は、変化と助けを求めているので、脅威を低減させ、被害者への贖罪を行なわせることが可能である。後者を過度に嫌悪、拒否することは、彼らをしてますます窮鼠の位置に追い詰め、社会への脅威を強めてしまう結果にもなりかねない。したがって、両者の見極めが重要になる。結果のみを見て、厳罰一辺倒で対応することは、社会防衛という見地からしても、有効な方法ではないと考える。

とはいえ、両者の区別には格別の慎重さを要する。掠奪型の殺人者は自我肥大するのも無理もないと思われる面もあるくらいに策略や他者操作に長け、感情誘発性殺人であるかのように、自らの印象を作り上げる。嘘や欺瞞では彼らに対抗することは難しい。騙されない方法としては、彼らの自己申告だけではなく、殺人前の他者による行動観察やほかの客観的情報にもとづいてアセスメントを行なうことが必須となる。

第五節　感情誘発性殺人（暴力）とは？

ほとんどの女性殺人犯が究極の暴力として陥った感情誘発性殺人について、もう少し詳しく述べておきたい。

ヴェルサム（Wertham, 1937）は、感情誘発性暴力の臨床過程を八段階に分けている。(9)

（1）外傷的体験が、解決不能と思われる内的精神状態を生じさせ、それが慢性的緊張をもたらす。

（2）彼（女）は、内的緊張状態の責任を完全に外的状況に負わせる。

（3）思考はきわめて自己中心的になってくる。
（4）自他に対する暴力行為が、状況から抜け出す唯一の方法だという考えが突然浮かぶ。
（5）長いあいだ内的緊張状態が続いた後、暴力行為が行なわれる、あるいは試みられる。
（6）内的緊張は、暴力行為後速やかに除去されるが、洞察は得られない。
（7）表面的適応が数ヵ月間続く。
（8）内的な精神的均衡が、いくらかの洞察を伴って再構築される。

こうした理解によれば、一見突発的で、動機不明、意味不明の暴力も、実際には加害者が早期の生い立ちとその後の発達のなかで獲得した、自他に関する表象とそれにまつわる感情とを反映していると理解されるのである。この場合、暴力行為に関する理解は、加害者にとって深いところで感じられ、生育歴から生じているその行為の重要性は何であるのか、暴力の引き金をひいた被害者との関係あるいは行動の象徴的、感情的重要性は何であるのか、以前からその状態にあったとすれば、そのとき暴力が生じたのはなぜか、といったことに関する理解なしには成り立たない。マスコミなどの報道による情報による限り、たとえば当初「お受験殺人」と呼ばれた文京区の園児殺害事件、岡山のバット殴打殺人事件、黒磯の女教師殺害事件など、こうした感情誘発性暴力によるものと考えられる。客観的に見て、「それほど重要でない。流せる」、あるいは一般には「そこまでの暴力は引き出さない」出来事と、それが加害者に生じさせた「激しく圧倒的な」感情および暴力行為との不調和に、むしろ理解するべき鍵が潜んでいる。彼（女）らが「動機」を求められて意識的に述べる行為の理由づけは、しばしば真の動機とは何の関係もない。

ここでは実際には加害者であるにもかかわらず、加害者が自らを被害者としてみなし、現実の被害者を加害者とみなしているという逆転が生じている。加害者は、被害者を自己の自我構造への脅威とみなし、暴力の目標は脅威をなくすことと、精神内界の均衡を取り戻すことである。客観的に見れば、彼（女）の加害行為は自己中心的で、非難に値するものでしかないが、彼（女）にとっては、自身の人格を守るための闘いの一表現と感じられている。彼（女）にとって、自身は加害者である前に被害者と感じられているのである。

被害者が他人である場合でも、被害者との実際の接触よりずっと以前から、緊張感と機能不全とが生じていたところへ、被害者の行動が意図せずして加害者の無意識的葛藤にはまり、暴力の引き金を引かせる。加害者は個人としての被害者に暴力をふるうというより、被害者が生じさせた圧倒的イメージと闘うのである。いわば被害者は、思いもよらないところに埋まっていた「地雷を踏む」のである。いい迷惑どころで済む話ではない。しかし、地雷を抱えた人をすべて地雷ごと吹き飛ばしてしまえというのは乱暴な話であろう。副作用が大きいし、地雷を抱えている人は実際にはたくさんいるからである。大切なのは、地雷の場所を知り、掘り出して無効にすることである。地雷、すなわち解決不能と思われる内的精神状態からくる慢性的緊張を生み出したのは、前述のヴェルサム[10]の過程によれば、心的外傷体験である。ただし前述のように、心的外傷体験がすべての人を加害者にさせるわけではない。ヴェルサムの過程で言えば、「内的緊張状態の責任を完全に外的状況に負わせる。思考はきわめて自己中的になってくる。自他に対する暴力行為が、状況から抜け出す唯一の方法だという考えが突然浮かぶ」という（2）から（4）の過程が加害者になるには必要となってくる。したがって、加害者の心的外傷体験への対応は、被害者のそれへの対応と共通の部分と、加えて加害者に特有な部分への対応との二段構え、あるいはより複雑な対応を要求されるのである。

第六節　犯罪における愛着（依存をめぐる葛藤）の果たす役割

加害行動を理解するには、被害体験あるいは手に余るストレスの存在を理解することが重要であることを述べた。そして女性の場合、その犯罪のほとんどが、薬物乱用および売春や風営法違反等の、直接的被害者の存在しない、むしろやむなく自身を傷つけているような、自身が被害者であるといってもよいような「犯罪」であり、あるいは窃盗のような間接的な加害行動であると言ってさしつかえないこと、そして究極の対人暴力である殺人をとってみても、そのほとんどが「猫を嚙む窮鼠」であることを見てきた。つまり女性の場合は、被害者から生粋の加害者に転換するのは非常に困難なのである。加害行動や暴力を振るうのは体力的に厳しいという理由も一部にはあろうが、毒物や火など、非力でも使える暴力の道具はいくらでもあり、それだけでは説明しにくいと考える。男性犯罪に比べて女性犯罪を非常に少なくさせているのは、それが生物学的な違いであるのか、社会的な違いであるのか、あるいは両方であるのかは明確ではないが、「愛着」の違いであると、筆者は考えている。

ストレスに対する最強の防波堤あるいは抵抗力を強化する要因は、「愛着」である。[11] そしてまた不安定な愛着は、逆にそれ自体がストレスとなる場合もある。世界を油断ならない危険なものと感じ、ほかを信頼できない人にとっては、対人関係やほかの愛情や関心を求めることは、常に搾取され、あるいは見捨てられる不安を引き起こすからである。したがって、被害者から加害者に転回していく際には、「愛着」を断ち切ることがポイントとなる。[12] ただし実際問題として、完全に愛着を断ち切るというのは、非常に困難である。おそらく、愛着をもたないことは絶望であり、それは死んでいることと同義であるからであろう。愛着を断ち切ることは、根底によほどの絶望感がないとできないものなのである。この愛着の断絶がかなり完全に行なわれた犯罪者が掠奪型の暴力犯罪者である。彼らには甘さのかけらもない。乾いた、冷たい犯罪者である。男性のなかでもここまでいける人は少ない。掠奪型の暴力犯は一見自我肥大し、陽気にさえ見えるかもしれないが、それもほかからの攻撃を避けるための仮面であることが多い。

ユーリスト（Urist）は、マーラーによる対象関係の分離個体化の理論にもとづき、ロールシャッハテストの運動反応に、自律性相互尺度（MOA：Mutuality of Autonomy Scale）と呼ばれる対象表象を分類するコードをつけることを提案している。これは、自己‐他者の分化度および共感的関係性という二つの評価軸により、一から七の得点で、一：肯定的、共感的で、分離し、自律した関係性から、七：悪意と敵意に満ち、圧倒的包囲と呑み込まれる不安に特徴づけられる関係性までを評価

しようとするものである。(13)

男性の犯罪者あるいは非行少年、特に激しい暴力を振るった者のロールシャッハテストにおいては、MOAの六、七と評価される反応が出現することは珍しくない。たとえば、「原爆の爆発。すごい光が出て、なにもかもがめちゃくちゃ、ばらばらになって、何も残っていない」「この大きな、邪悪な悪魔が、下の赤ん坊を引き裂き、食いちぎっている。赤いのは血が飛び散っている」「人。けつに棒を突き刺され、串刺しにされて死んでいる」といった反応である。ここでは、悪意に満ちた一方的な支配と攻撃、あるいは個人による統制を超えた、圧倒的で逃げ場がなく、舐め尽くすような力の下に完全に支配されるような関係性が示される。しかも、そうした恐ろしい世界で、彼ら自身は、自律性を失い、深刻で恐ろしい侵襲、あるいは全くの無力を体験している。恐らく、掠奪型の犯罪者をして、掠奪型の犯罪者たらしめているのは、基底にあるこうした絶望的な自他表象であるのではないかと筆者は考えている。

他方、女性の犯罪者あるいは非行少女で、MOAの六、七にあたるロールシャッハテストの反応を出す人には、ほとんどお目にかかったことがない。彼女たちによく見られるのは、尺度三、四であり、たとえば、「大きな熊さん。下のこの人がぶら下がっている」(寄りかかっている、つかまっている、抱えているなど)「シャム双生児」「鏡を見ている女の人」といった反応である。ここでも自律性と相互性は失われているが、それでも他者を頼り、あてにする必要を感じているし、自己愛的な問題を中心とする自己が表現されているが、それでも依存的-依託的関係性を有している。他者の存在なしではやっていけない。男性でも、薬物事犯者や性犯罪者のうちの攻撃的・暴力的ではない者などは、こうした対象表象を表わすことが多いように感じる。

結局、ほかを必要とし、愛着を感じている限り、ほかの存在を消し去り、ほかからの愛情や関心を低減させるような暴力的行動あるいはほかからの非難を浴びると予想されるような反社会的逸脱行動は抑制される必要が出てくる。そうした行動が表われるのは、暴力を振るったり、逸脱行動を行なうことでしか、愛情や関心を確かめられないという歪んだ愛着を持つに至っている場合（薬物依存、売春を含む攻撃的ではない性犯罪、嗜癖的窃盗など）か、やらなければやられるという究極の選択（感情誘発性暴力）か、あるいは絶望し、愛着を断絶した場合（掠奪型暴力）なのであろう。「愛着」という要因は、女性、男性両方の犯罪を考えていくうえで、鍵となる概念であると考えている。

第七節　被害と加害の統合

加害行動が、対人関係における被害から生じるストレスに起因する反応の一つであり、ストレス発生時の発達レベルに応じた情緒的、認知的対応方法を不適応なままに繰り返し、被害と加害を反復して繰り返していくものであるとし、またストレスへのもっとも効果的な予防薬および治療薬となるのが、「安全な愛着」にもとづく、自律し、ほかと信頼関係の持てる自己および他者表象であるとするなら、加害者への支援も比較的明確な目標と方針をたてることが可能になるのではあるまいか。

すなわち、第一に、安定した愛着が可能となる育ち直りの場を確保することが必要となる。それが家庭、社会内で可能なこともあろうし、施設に収容せざるを得ないこともありうる。いずれにしても、安心して暮らせる生活環境と、虐待されない、暴力的ではない対人関係を設定することが大前提となる。しかし安全な生活環境、対人関係においても、非行少年や犯罪者は、そのなかで、現在のストレスを過去のトラウマの再現として体験し、自らが被害者になったり、加害者になったりという従前の対処方法を繰り返していく。自由を制限された集団生活は、それ自体ストレスになるからである。むしろ、安全に、適度にストレスを与える環境の設定が重要になる。

第二に、こうして日々の生活のなかで再現されたトラウマを理解し、再現されないように異なる対処の方法を身につけさせていくことが必要になる。非行少年や犯罪者は、処遇や治療を行なう者、あるいは施設内のほかの収容者に、救済者や加害者、被害者の役割を割り振り、トラウマを再現させていく。歪んだ愛着のパターンや、愛着を切ろうとする行動が必ず繰り返される。たとえば、いじめ、いじめられの行動歴のある者は、施設内でもこうした対人関係の状況を作り出していく。これに乗せられないように、最大の注意を払う必要がある。これを防ぐのに有効なのは一人で処遇するのではなく、チームで処遇することである。自らの逆転移に気づきやすくなる。

こうした育ち直しを通じて、彼（女）は、分離個体化を進め、誰にも侵襲されない、はっきりとした、かつ柔軟な自我境界を持って、自律した、ストレス状況や日々の生活の要請に対処できる「有能な」自分を徐々に作っていくことが可能になる。それは同時に、危険は常にあるが、それでもだいたいは安全で、公平で、暖かく、信頼できる世界や人びとという世界観、他者表象を持つことを可能にさせていく。それは、自分のなかにトラウマ（被害）体験を統合し、情緒的、認知的に被害体験を位置づけて、言葉にすることができるようになることでもある。そうなったとき、反復強迫としての加害行動は治まることが期待される。したがって、自らの加害行動の被害者に対して、心底から謝罪し、加害の責任と今後の加害の防止に関する責任を負うことができるようになることは、被害者と社会に対する責任を果たすという意味ばかりでなく、加害者自身に対する責任を果たすことも意味していると、筆者は考えている。

8

二次受傷から身を守るために
――支援者の傷つきを考える

第一節　二次受傷とは？

1　はじめに

一九九九年八月、筆者は内戦（一九九四年四月から六月）で数十万人が殺戮されたルワンダに派遣された。その主たる目的は、NGOによって運営されている心のケア・プロジェクトの視察およびスタッフ支援であった。現地に滞在していた一週間、各プロジェクトが行なわれているフィールドに出かけ、サービス利用者やスタッフから話を聞いたが、その際、彼らの内戦体験も語られた。また、スタッフへのコンサルテーション時にも彼らの内戦体験談を抜きに話が終わることはなかった。

ここでは、彼らの経験の詳細には触れないが、つい昨日までいっしょに学校に行っていた友人の家族に自分の両親や兄弟が殺されたり、仲良くしていた隣人たちに輪姦される恐怖がどれほどの体験であるのかは想像に難くないと思う。それらの話を聞き、筆者は、「生きている人間ほど恐ろしい存在はいない」と思い知らされた。同時に、緑豊かな大地をランドクルーザーで駆け巡り、将来の夢を語る子どもたちと出会い、ツチ族とフツ族の和解と国の復興のために活動する現地スタッフとの交流など、多くのかけがえのない体験とともに無事に帰国した。しかし、通常の生活に戻ったのもつかの間、九月も終わりに近づいた頃、原因不明の無気力状態に襲われた。集中力の欠如、倦怠感の増加、そして不眠。雨のなかをトボトボと歩く幼い兄弟の後ろ姿と大量殺戮が行なわれた教会が不意に脳裏に浮かぶ。最初の頃は夏の疲れが出ただけだと考えていた。しばらくゆっくりする時間が必要なのだ、と。

今から考えてみると、それらは二次受傷の症状であったようだ。筆者は実際の内戦を体験したわけではない。しかし、内戦という外傷（二次）を体験した彼らの話を聞くことが、筆者にとって外傷（二次）になり、結果として外傷性ストレス反応を体験することになったと推察する。このように他人が経験した悲惨な出来事を知ることによって外傷性ストレス反応を体験することを二次受傷という(1)。

二次受傷は内戦という「特殊」なトラウマだけがもたらすのではなく、心理臨床相談室や被害者支援団体に助けを求めて来る人びとのトラウマ体験を聞くことによっても起こりうることである。近年、日本においても被害者やその家族、または遺族に対する支援の必要性と重要性が社会的にも認知されてきた。被害者支援団体も各地で立ち上がり、活動が行なわれている。筆者も被害者支援活動に関わっている専門家および準専門家へのスーパーヴィジョンをすることがあるが、残念ながら彼らに対する支援は後回しになることが多い。

二次受傷は起こるか起こらないかの問題ではなく、いつ起こるかの問題であり、トラウマに関わる支援を行なっている人びとにとっては避けて通れない課題であると思われる。二次受傷を負った支援者は自身の心身に影響が及ぶだけではなく、二次被害を起こす危険をもはらんでいる。支援者を加害者にしないためにも、二次受傷の理解および予防はこれからの被害者支援活動の重要課題である。

この章では、二次受傷とはどのような概念で、どのような状況で発生しやすく、どうすれば予防できるのかについて考察する。

2　二次受傷

トラウマ体験がもたらすさまざまな外傷性ストレス反応は被害者を取り巻く家族や支援者に伝染する。[2] 自分自身は事件や事故に巻き込まれていないが、家族や親しい友人が被害を受けたことを「知っただけ」で、被害者と同じような外傷性ストレス反応を近親者や支援者が体験している。[3] 性暴力の被害者の配偶者、暴力事件に巻き込まれた子どもたちの家族や友人、トラウマ事件の被害者を親に持つ子どもたちなどの症例が報告されている。

また、幼少時に性虐待を受けたサバイバーの治療を行なっている専門家たちも典型的なＰＴＳＤ症状を体験している。[4] それらの症状は、クライエントが話すトラウマ体験の侵入的イメージ、回避行動、不眠や驚愕反応などの過覚醒症状、抑うつ状態などである。

つまり、トラウマ体験の被害者と共感的な関係を持っている人びとは、自分自身はそれらの出来事を直接体験していないのにも関わらず、彼らと同じような外傷性ストレス反応を体験することがある。そして、特別な訓練を受けた心理専門家であってもクライエントが語るトラウマ体験に対する免疫はないようである。

二次受傷は支援者の内的世界観に変化をもたらす。(5) それらの変化は、特にその個人が持っていた世の中に対する安全感、他者に対する信頼感、支援者としての有能感および自尊心、人生全般における希望などに現れる。

通常、われわれは新聞やテレビニュースで報道される事件や事故の知識はあるものの「世の中は総じて安全である」と信じて毎日の生活を送っている。

しかし二次受傷を負った人は、トラウマ体験をした被害者と同じようにその認識に確信が持てなくなる。たとえば、性被害者の支援に関わっている人の場合、次のような行動上の変化が起こるかもしれない。

それまで特に何も感じていなかったのに夜道を歩くことに抵抗を感じる、家のカギを開けるときに後ろを何度も振り返る、通常の帰宅時間が過ぎても戻ってこない娘のことが非常に気になり最悪のことを想像してしまう。

同じような変化は他者に対する信頼感にも表出する。たとえば、聞き分けのない子どもを叱っている父親を見かけたときに、以前なら「あら、かわいそうに。あの子は何をやったのだろうか」と思っていただけが、「子どもは本当に悪かったのか」「母親はどこにいるのか」「彼らは本当の親子なのか」「これは虐待なのでは」と考えてしまう。

また、繰り返し他者の痛みにさらされ、辛い体験を共感することが増えるに従い、支援者としての能力に疑問を感じ、「自分が行なっていることにどれだけの意味や価値があるのだろうか」と自問することが増える。その結果、自尊心にも悪影響が出る。涙する被害者を目前に「私がこの人を傷つけているのだろうか」と思いつめる。そして、場合によっては、答えが見つけられないまま、疲れはてて支援活動を辞めてしまうこともある。

たとえ支援活動を継続したとしても、二次受傷が適切に扱われない限り、問題の解決は見られない。それどころか、二次被害をもたらし、被害者をさらに傷つけてしまう。そのような二次被害の一つとして、被害者と支援者の役割交代現象がある。(6)

被害者は自分が語るトラウマ体験が周囲にもたらす影響に対して非常に敏感であると言われている。そのため、支援者が自身の二次受傷を認知する前に、被害者がその影響に先に気づく場合がある。すると、彼らは本当に話したい内容を避けたり、体験を語っていたとしても表現される内容や感情が本来の強烈さからは程遠いものになってしまうかもしれない。被害者が自分の問題を解決し乗り越えるための時間と空間が、支援者を守ることに費やされ、被害者と支援者の役割が交代してしまう現象が生まれる。

このような役割の変化に対して、支援者に怒りを表わすことができる被害者はある意味で健康的ではないかと思う。けれども、トラウマ体験者のなかには既存の健康的な対応方法を効率よく利用できず、その怒りが内面化され、自傷行為や行動化へのきっかけと転じることも予想できる。逆に、支援者を傷つけてしまったとの自責感にかられることも考えられる。「このようなトラウマ体験をした自分は厄介者以外の何者でもない」と低くなっている自尊心がさらに低くなり、被害者はさらに傷つくという新たなトラウマのサイクルを生み出してしまう。

被害者が体験する圧倒的な無力感を取り込んでしまった場合、その無力感を払拭するために、支援者は「救済者」となることにいっそう力を注ぐかもしれない。救済者と化した支援者は、被害者に求められると、面接は支援団体内の施設で、決められた時間内でしか行なわない規則になっているのにもかかわらず、それを破るような可能性をはらんでいる。

しかし、このような、一見、被害者のためと思われるような行動は、彼らに対して「あなたは自分一人では生きていけないかわいそうな人」とのメッセージを送ることにもなり、彼らの無力化を強め、結果として回復を遅らせることをよく理解しておくべきだろう。

このように二次受傷は支援者が気づかないうちに起こっていることも多い。しかし、それがもたらすダメージは計り知れない。そこで大切なのは二次受傷の可能性と危険性を予測し、二次受傷に陥りにくい環境作りを支援団体と支援者自身が心がけることである。

3　「二次受傷」と「逆転移」「燃えつき症候群」との違い

二次受傷が論議されるときに混同される概念として「逆転移」と「燃えつき症候群」がある。実際、これらの概念は似通っており、共通部分も多い。広義での二次受傷を意味する名称はこれら以外にもいくつか存在しており[7]、共感性疲弊（Compassion Fatigue）、代理受傷（Vicarious Traumatization）、二次負傷（Secondary Wounding）、重大事逆転移（Event Countertransference）[8]、外傷性逆転移（Traumatic Countertransference）などが列挙できる。

しかし、これらは二次受傷ストレス反応の異なる種類と考えられており[9]、名称が複数存在するのは、この現象の複雑さと概念の未熟さを表わしていると推測される。反面、これらの概念に共通する認識は、トラウマを抱えている人びとに関わり支援することは心理的報酬も大きいが、一方で専門性、経験や訓練に関わらず、さまざまな困難や挑戦を支援者にもたらすということである。

では、逆転移と二次受傷にはどのような違いがあるのであろうか。

逆転移とは、心理療法のプロセスで起こる現象でクライエントが起こす転移（親や養育者に対して幼少期に抱いていた無意識的な感情や葛藤をセラピストに対して抱くことで、それらの葛藤を再体験することで解釈を行ない、治療には不可欠であると考えられている）に対して、セラピストが体験する反応を指す。またその反応は、セラピストのこれまでの人生経験やクライエントの転移に対するセラピストの無意識的で神経症的な要素によって歪むことがある、とされている。

二次受傷は、支援者（またはセラピスト）は直接経験したことがないトラウマ体験を被害者（クライエント）より聞くことによって生じる、と先に述べた。

つまり、二次受傷と逆転移は両方とも支援者に何らかの反応を引き起こすという点では同じであるが、そのきっかけとなるものは異なる。二次受傷の原因となるのは被害者のトラウマ体験と限定されているのに対し、逆転移をもたらす葛藤や感情はトラウマ体験以外のものも含んでいる。また、逆転移はセラピストが内的に抱えているものが、クライエントが起こすある特定の転移に反応した結果である。

二次受傷は、被害者が語るトラウマ体験によって引き起こされる。なかでも、被害者と同じようなトラウマ体験を共有する支援者は、そうでない支援者と比較すると、二次受傷になりやすいと言われている。[10] しかし、だからと言って、過去のトラウマ体験がなければ二次受傷を負わないわけではない。支援者が持っている過去のトラウマ体験と二次受傷の関係については「二次受傷をもたらす要因」の節を参考にしていただきたい。

次に、「燃えつき症候群」と二次受傷の違いはどのようなものであるのかを考えてみたい。燃えつきは、一九七四年にフラウデンバーガーによって名づけられ、マスラッチにより発展させられた概念で、情緒的要求の高い状況に長期間身を置くことによって起こる身体的、感情的、心的疲労である。[11] バッテリーを充電せず使用して電力切れになったり、ある器械に負荷許容量を超える過大な電力を流して使用不能にしてしまうような状態を想像してもらえるといいであろう。

燃えつき症候群に見られる疲労状態は長期的な蓄積型で、その根本には、サービス利用者の問題がサービス提供者の対応能力を越えている状況が長期間継続していることにあるようである。

つまり、個人および組織の対応能力が限界であるにも関わらず外部からの援助を受けず、または受けられないままにこれまでと同じレベルのサービスを継続させなければならないことから疲労が蓄積されると考えられている。

また、燃えつき症候群や逆転移は一時的な変化をもたらすだけであるが、二次受傷がもたらす内的変化は半永久的であると考えられている。[12]

二次受傷の症状と燃えつき症候群のそれとはストレス因がきっかけになっているという点では同じである。しかし原因となるストレス因には大きな差が見られる。トラウマ（外傷）の定義が示すように二次受傷の原因となるのは、生命の危機を脅かされると思われるような出来事とされている。一方、燃えつきをもたらすストレス因は日々の生活で体験されることがらであることがほとんどである。

また、ストレス反応として現れる症状にも違いが見られる。燃えつき症候群の症状は疲労感によって代表されているが、二次受傷の症状はＰＴＳＤと同じく回避、侵入的イメージ、驚愕反応、無力感や混乱などによって構成されている。

それぞれの症状の原因となるストレス状況に対する支援者の認知にも差がある。燃えつき症候群の温床となる背景には「自分の手にはおえない」と支援者が能力不足を感じていることが多い。ところが、二次受傷を生じる支援者は全員が被害者のトラウマ体験に圧倒されているわけではなく、「自分は十分な訓練を積み、被害者に対して適切に対応できている」と考えている場合でもこの現象は起きるという違いは大きい。

このように二次受傷と逆転移、燃えつき症候群に類似点はあるものの、細部で異なることが分かってもらえたであろう。

4　二次受傷をもたらす要因

二次受傷は支援者が避けて通れない課題ではあるが、かかりやすい人とそうでない人がいるのも事実である。では、一体どのような要因が二次受傷を生じさせやすい背景となるのかを考えてみたい。

発生要因は大きく分けて三つある。[13] 一番目は「支援者が持つ個人的属性に関わる要因」、二番目は「対象とする被害者群に関する要因」、そして最後に「支援環境に関する要因」である。

まず、支援者個人に関わる要因で一番強い影響を持つのは、過去のトラウマ体験であろう。いくつかの研究は、過去のトラウマ経験が二次受傷の発生と強い関連があると示唆している。[14] 要するに、これまでに何らかのトラウマ体験がある支援者は、トラウマ体験を持った被害者を扱った場合に二次受傷を負う確率が高いということである。

また、カサム＝アダムスが、百人の心理療法家を対象に行なった二次受傷に関する調査[15]は、二次受傷の発生は特に幼少期におけるトラウマ体験と強い関連があると報告している。これらの研究は、過去にトラウマを抱えている人が良い支援者（専門家）になれないと示唆しているわけでは決してない。サバイバーが、自分が体験したと同種のトラウマ被害者に対して素晴らしい支援をしているケースも多く見られる。しかし、過去のトラウマが被害者のトラウマによって刺激され、その結果、二次受傷に発展する可能性が高いのも事実であるようだ。サバイバーが支援者として末永く活動に関われるようになるためにも、二次受傷の理解とその予防は大切なことである。

二次受傷を発生させやすい一番目の要因は支援者個人に関わることである。すでに述べた過去のトラウマ体験以外で影響を持つ要因は次の通りである。

・現在の生活状況下に過度のストレス要因がある。
・非現実的な問題解決および対処方法（例、飲酒でうさをはらす）を多用する。
・支援活動を行なうのに適切な訓練がされていない。
・支援者としてのイメージが非現実的である。

二番目の要因は被害者群に関することである。つまり、支援対象となる人たちの特徴、または彼らが経験したトラウマ体験の種類である。以下にいくつかの要因をまとめてみた。

・被害者が子どもである（無力感と脆弱感がより強く体験される）。

・自虐・自傷行為が頻繁に行なわれる（自殺願望と自殺企図も含む）。
・被害者の安全が確保できない（危険が取り除かれない）。
・複数の複雑な問題があるにも関わらず問題解決に利用できる資源に限りがある。
・トラウマ体験が長期にわたり、その内容は耳をふさぎたくなるものである。

三番目の要因は支援環境で、被害者および支援者を取り巻く状況に関連する事柄である。

・被害者や彼らのトラウマ体験とその影響に対して社会が理解、関心を示さない。
・被害者を責める社会文化的風潮が根強くある。
・被害者の回復に関わる人びとへの社会的、経済的支援を支持する政策が不足している。
・被害者の尊厳を守ることに支援団体が積極的でない。
・支援に必要なさまざまな資源が支援者に提供されていない。

これらの要因には短期的に解消できないものも多い。しかし、なくならないからと言って、二次受傷対策が出来ないわけではない。予防を考えるとき、その現象発生の理解が深ければそれだけさまざまな状況を想定していろいろな対策が考えられるのではなかろうか。目先の利益だけではなく、長期的な展望を持って取り組んでもらいたい。

5　二次受傷チェックリスト

この節では、二次受傷の症状をまとめてみた。

左記のチェックリストは、本章で紹介しているフィグリー、スタン、パールマンらの理論をもとに筆者が作成した。支援者が自身の二次受傷を把握する際の目安として利用して頂ければ幸いである。

該当する項目の（　）に○印を記入して下さい。

《あなた自身について》

1（　）疲れがなかなかとれない
2（　）変な夢を見ることが多い
3（　）肩凝りや頭痛に悩まされる
4（　）助けを求めるのは弱い人間のすることだと思う
5（　）この世は問題を抱えている人であふれていると感じる
6（　）何をやってもうまくいかないと感じる
7（　）夜道を歩く時に、必要以上に周囲や暗闇が気になる
8（　）自分の決断に自信が持てない

9（　）危険と無縁な生活などありえないと思う
10（　）電話が鳴ると、「悪い知らせかもしれない」と考える
11（　）他人を信頼するのは愚か者だけだと思う
12（　）自分のことを理解してくれる人はいないと感じる
13（　）自分の直感が信頼できない
14（　）寝つきが悪く、眠りが浅い
15（　）衝動のコントロールができない
16（　）リラックスできない
17（　）他人の言葉が信用できない
18（　）悪いことが起こるのは自分が悪いからだと思う
19（　）何事に対しても悪い方にばかり考えてしまう
20（　）最近、怒りっぽくなったと周りから指摘される
21（　）隙を見せると何をされるか分からないと感じることが増えた
22（　）物忘れがひどくなった
23（　）お酒やたばこの量が増えた
24（　）死ねたら楽なのにと思うことがある

《支援者としてのあなたについて》

25（　）ある被害者のことが気になって頭から離れない
26（　）被害者の話を聞いていないことがある
27（　）「明日は支援活動だ」と思うと気持ちが萎える
28（　）被害者の恐怖が自分に伝染したと感じる
29（　）被害者の体験が何の脈絡もなく脳裏に甦る
30（　）同僚を避けている
31（　）支援者として無能だと感じる
32（　）被害者に対して罪悪感を覚える
33（　）活動を終えて自宅に戻るとクタクタに疲れ切っている
34（　）被害者に対して漠然たる怒りを感じる
35（　）研修会や研究会に参加しなくなった
36（　）関わりたくない被害者がいる
37（　）被害者を責めていることがある

チェックリストからも分かるように、二次受傷はＰＴＳＤに見られる回避、再体験、覚醒亢進症状に加え、燃えつきや支援者の内的世界（世界観、安全感、基本的信頼、自己・他者との親密関係など）の変容をもたらすと考えられている。

このリストは、支援者が自分の症状を把握し、それらに適切な介入を行えるようにすることを目的にしている。〇印の数に一喜一憂するのではなく、どの症状に印がついているのか、それらの症状から回復するためにできることは何なのかを考えて欲しい。

次節では、二次受傷への抵抗力を高める方法を考察する。

第二節　支援団体が支援者のためにできること――支援者への支援

1　支援の理想と倫理的責任

二次受傷が避けることのできない課題であるのならば、支援団体は支援者を守るためにどのような予防策を立てることができるのであろうか。アメリカにある外傷ストレス研究所は理想的な活動環境として次の事柄を支援団体に推奨している[17]。

- 支援者は十分な休養・休息を取ることができる。
- 支援者が担当する被害者の数を対応可能範囲内におさえている。
- 支援者は有資格・有経験者からの十分なスーパーヴィジョンが受けられる。
- 支援団体は被害者のトラウマ体験の深刻さとその影響を理解している。

・支援団体は支援者に二次受傷のサインが見られないか常に気を配っている。
・支援団体は定期的な継続研修を行なっている。
・支援者は長期休暇を取ることができる。

さらに支援団体は、支援者が活動を始める際に、二次受傷の可能性があることを明確に伝える倫理的必要と責任があるであろう。[18] つまり、支援活動希望者と支援団体間でインフォームド・コンセントを行ない、希望者が活動中に直面するであろう困難とその影響について理解したうえで、実際の活動に参加したいかどうかの最終的な判断を下せるようにすることが大切であると思われる。

ある体験がトラウマ体験になるかどうかにはいくつかの要因があるが、そのなかの一つにコントロールの欠如感がある。[19] インフォームド・コンセントを行なうことで、二次受傷を完全に防ぐことはできない。しかし、支援者は状況を把握したうえで自分が選択した場合に、その決断に伴う二次受傷に対する心の準備が可能になる。準備ができていると積極的な予防措置を取ることができるであろうし、たとえ二次受傷が生じたとしても早い段階で介入ができ、迅速な回復が可能になると考えられる。

2 支援者の安全確保――支援の具体的な場面

被害者支援活動で大切なことは何かと考えた場合に、被害者の回復だと考える人は多いであろう。

もちろん、被害者の回復という目標を否定するわけではないが、その目標と同じかそれ以上に大切なテーマがある。それは「活動中に事故を起こさない」と言うことである。別の表現をするならば、支援者の安全が確保できているという基本を忘れないことだ。

被害者に対する危機介入において安全の確保は第一目標である。そして、被害者の安全確保は支援者の安全が確保されているという前提条件があって初めて可能になる。自分の安全確保が出来ていない状況で被害者の安全をどのように確保することができるのか。答えは否であろう。支援者の安全を確保することは、被害者が安全な環境で支援を受けることを意味する。では、支援者の安全確保をするにあたり、支援団体ができることは何であるのか。

次に、重要だと考えられる三つのポイントを示した。

第一に、支援者が被害者との面接を行なっているとき、ほかのスタッフが別室で必ず待機していること。これは、PTSD症状の一つであるフラッシュバックが激しく、被害者が本人の意思とは関係なく暴れてしまったり、加害者に対する怒りが支援者に向かってしまうことが考えられるからである。たとえそのようなことが起こったとしても、助けを呼べば誰かが来てくれると知っていれば予期していなかった状況に陥っても冷静に対応することが可能になるであろう。どれだけ訓練や経験を積んだ支援者でも不測の状況に陥ると適切な介入ができなくなることもある。これは経験の有無に関係なく、有効な予防措置であると考えられる。また、必要なときにすぐ助けを呼ぶために、面接室に警報器を設置するのもよいであろう。

第二に、面接時間や面接場所に関する支援団体内のルールを設ける。一回の面接時間は最長で何分、面接時間は朝何時から夕方何時まで、面接ができる場所を特定するなどである。このように枠組みを設定することで、支援者が「救済者」となることへの抑止力となるであろう。辛い体験をした人が支援を求めてやってきた場合、何とかしてあげたいと思うのは当然の気持ちである。ところが、その気持ちが強くなりすぎると、被害者とのあいだに適切な距離を保つことが難しくなる。同一化が著しいと自分の気持ちと被害者の気持ちが混合し、相手のためと考え行動しているのが、実は自分の気持ちを楽にするためであったともなりかねない。枠組み設定は、支援関係に適切な距離を保つためにも重要であると思われる。

第三に、治療契約と限界設定に関する話し合いを被害者と持てるように支援者を教育する。被害者支援において治療契約が必要かどうかの議論はあるにしても、被害者と支援者の関係についての約束事は明確にしておくべきである。たとえば、予約時間の厳守、キャンセル時の連絡方法、守秘義務とその限界、支援者の役割とその限界、支援団体の趣旨、などがそれにあたるであろう。特に守秘義務とはどういうことなのか、またどのような場合にそれが厳守されなくなるのかの説明は必ずしておく必要があると考えられる。

筆者が籍を置くセンターでは、守秘義務の例外事項として、①幼児・老人虐待の疑いがある場合、②自分や他人を傷つけると考えられる場合、③裁判所からの命令があった場合、としている。

支援団体でそこまでする必要がないと考えるのならば、次のような状況を想定していただきたい。

加害者に対する怒りに駆られた被害者が、相手に対する復讐計画を支援者に漏らしたとしよう。驚いた支援者はそれが本当かどうかを確かめたが、その被害者は否定した。支援者は納得しないまま面接を終了した。だが後日、その被害者は加害者を待ち伏せして殺害してしまった。

自殺と同様、本当に実行する意志があれば、周りの人間がどれだけ尋ねても事実を話してはくれないかもしれない。この例の場合、「可能性があると知っていながら、被害者を加害者にすることを防げなかった」こと、「守秘義務の例外として通報し、被害者の信頼を損なう」ことではどちらが善いのだろうか。非常に厳しい選択である。支援者側の考え過ぎで何も起こらないかもしれない。私見ではあるが、筆者は同じ過ちを犯すのであれば後者であって欲しいと考える。

3 法的予防措置——安全な支援場面をつくるために

支援者が安全であると感じることができる活動環境の重要性について述べたが、それを一歩進めて、法的な予防措置について考えてみたい。訴訟の恐怖は、支援者の士気に影響をもたらすと指摘されている。[20]「被害者から訴えられるかもしれない」。これは非常にアメリカ的な考え方であって、日本ではそのようなことまで心配する必要はない、と一笑に付す読者もいるかもしれない。では、相手方から訴えられないとの保証はどこにあるのか。訴訟理由は立件することもできないようなことかもしれない。そして、そうなるケースの方がずっと多いであろう。けれど、その決断が下されるまでにかかる時間、費用、労力を考えると笑っていられるような状況ではない。

また、訴訟の恐怖は外部からだけとは限らない。オーストラリアの女性健康センターでマッサージ師として勤めていた五十二歳の女性職員が、カウンセラーとしての充分な訓練も受けられないままに情緒的な問題を抱えた人びとの対応を押し付けられ「自分自身がうつ状態に陥り、辞職せざるを得なくなった」と裁判所に訴え、結果として二万五千ドルの慰謝料を勝ち取った[21]。訴訟を扇動するつもりは毛頭ない。しかし、これも現実と受け止める必要があるのではないか。

では、支援団体としてできることは何なのか。

まず、法的問題が持ち上がった場合に相談できる弁護士を確保する。支援団体の趣旨を理解してくれる人であれば、なおさら良いであろう。

次に、支援者の教育を行ない、訴訟が現実の問題であることを伝える。善意の行為が訴訟対象となる可能性があると伝えるのは、支援者に恐怖心を呼び起こすことが目的では決してない。しかし、それが現実であるとの理解を支援者に持ってもらうのは大切なことなのではないか。

しかし、より重要なのは、支援団体がこのことを現実と受け止めることが出来るかどうかであろう。そのいかんによって、支援団体の運営姿勢および支援者への教育とサポートにどれだけ真剣に取り組むかが左右されると考えられるからである。

筆者が活動するセンターでは、治療契約の一部として「権利放棄書」にサインをしてもらっている。その書類には「当センターには自身の自由意志で来室し、誰の強制を受けたわけでもない。また、自身が希望する通りの結果が得られなかったからと言って、当センター、センター職員、担当セラピストを訴えることはいたしません」と書かれている。また、その書面にサインをもらえない場合、担当セラピストおよびセンター長の判断によってはケース受理をしないこともあります、とも記されている。

4　継続的な研修の重要性

知識や情報は危険発生の予防には欠かせない。継続教育は二次受傷を負いにくくするために支援者側の免疫力を高めるのを助けてくれる。残念ながら「支援者は傷つかない」という神話が、このような取り組みを阻止することもある。[22] 支援団体はそれが誤解であることを認識し、正しい理解のもとで研修計画を立てて欲しい。

活動開始前の支援者教育では、トラウマとその介入、トラウマからの回復過程、急性ストレス症状とPTSDなどに加え、二次受傷に関する基本的知識と予防方法を示し、それが誰にでも起こりうることであると強調することが重要であろう。

また、先にも延べたように、教育担当者は支援希望者のなかには過去にトラウマを体験している人もいることを念頭に置き、トレーニングを計画・実行してもらいたい。なぜなら、トレーニング中の題材が過去のトラウマ体験を刺激し、必要以上に辛い体験をすることも考えられるからである。さらに、継続研修中も、再度、二次受傷に関する情報と予防策を伝えていくことが大切である。そうすることで実際そのような体験をすることになっても、それが当たり前のことであり、個人の支援能力不足から起こることではないとの認識を常に強化することができると考える。問題を抱えた支援者が助けや支援を求めやすい安全な雰囲気作りも大切な研修環境の一つなのだ。

継続研修は事例検討会、研修会、ワークショップ、サポートグループなどのスタイルを取ることもできる。そのような研修会では、二次受傷との相関が高いと考えられている転移・逆転移、支援関係における境界設定と倫理、治療契約、守秘義務とその限界、支援関係のジレンマ、ストレス解消法、燃えつき症候群などを扱うことが望ましい。

研修で得られる知識は支援者の能力と有能感を高め、彼らの自信へとつながるであろう。彼らが習得したものは被害者への情報や教育にも再利用される利点がある。また、孤独な職場環境は二次受傷になる確率を高める。[23] 研修が支援者同士の交流の場となれば、自助グループなどが生まれる可能性も出て、複数の安全ネットが張られるであろう。

5 スーパーヴィジョン

定期的なスーパーヴィジョンが受けられるようにすることは、支援団体の義務であると考える。ボランティア集団であれ、専門家・準専門家集団であれ、説明責任（アカウンタビリティ）が要求される昨今では、支援団体活動の質を管理するうえでも、定期的なスーパーヴィジョンは必要不可欠である。

支援者の内的葛藤や逆転移を扱う場がないと、それは無意識のうちに支援活動中に行動化される。[24]

考えたくない現象かもしれないが、支援者が知らず知らずのうちに加害者となってしまう可能性は大きいということである。

「継続研修」と「スーパーヴィジョン」の違いは、前者は知識や技術習得に重きを置くのに対し、後者はそれらの知識や支援体験から生じる内的葛藤や感情と直面する場となる。それゆえ、スーパーヴァイザーが取り扱う課題は継続研修トピックと同様、支援関係、転移・逆転移、二次受傷とその症状の対応方法であるが、スーパーヴィジョンではそれらがもたらす支援者個人の体験に焦点を置くのである。

そのような場面では、自分の弱い面、できるなら直視したくない部分をさらけ出す必要が出てくることが予期される。ゆえに、自分は尊敬されている、認められている、安心して自己開示できると支援者が感じることができる雰囲気作りがスーパーヴァイザーには要求される。

活動中に知り得た情報は他者に口外できないのも支援活動の特徴である。それゆえ、どれだけ辛くても家族や友人にそのしんどさを分かち合えない。支援者が関わる被害者の数、被害者が体験したトラウマの種類、支援者の経験年数などによって、スーパーヴィジョンの頻度は変化するであろうが、理想としては一カ月に一回から二回が適切であると思われる。

現在、日本では、残念ながら支援対象となる被害者に関する知識が豊富で、彼らとの臨床体験があるスーパーヴァイザーを探すのは困難なのが実状である。支援組織が大きくなっていくなか、スーパーヴァイザーの養成は、日本における被害者支援システムの未来を左右する大きな課題であろう。

6　ネットワークと連携のあり方

孤独な支援環境が二次受傷の可能性を高めるのと同じように、孤立した支援団体も問題を抱えやすくなる。支援者が同僚や支援団体のサポートを必要とするように、支援団体も同種・異種の支援団体からの支援がなければ、質の高いサービスは提供できない。同種のサービスを提供する支援団体とのネットワークは情報交換を行なううえでも不可欠である。また、他府県からの要請があった場合に、ネットワーク内の支援団体に紹介することも可能になり、被害者にとっても、より利用しやすい制度となるであろう。支援活動はさまざまな課題に直面する。医療、法律、心理相談、行政、警察、などの機関と連携を取ることにより、支援団体が提供するサービスも効果的、効率的になると思われる。

7　啓蒙活動と二次受傷

支援活動の一部である啓蒙活動で注意しなければならないことについて述べる。

二次受傷は、他人のトラウマ体験を知ることで起こると示した。これを別の視点から考えると、その内容によっては、支援団体が主催する講演会に参加した人びとにも起こりうると言うことである。[25]ましてや、そのような講演会に積極的に参加する人は過去にトラウマ体験を持っている確率も高く、二次受傷になる可能性がより高いとの認識を支援団体は持っている必要がある。

これは支援活動団体にとっては大きなジレンマとなる。しかし、危険があると分かっていながら何もしないのは倫理的でない。毎日のニュースでは、他者のトラウマ体験が垂れ流されているのも事実ではあるが、被害者支援という看板を掲げているのであれば、参加者に対して公演内容およびその影響を予告し、二次受傷を防ぐ努力をすることも必要ではないだろうか。

インフォームド・コンセントがあって、それでも参加したいというのであれば、参加者が自分の責任下において行なうことであり、それを阻むことはできない。しかし、不必要な二次受傷を防ぐのは支援団体の使命の一つではないかと筆者は考えている。

第三節　セルフ・ケア

支援者はセルフ・ケアが特に下手だと言われている。[26] そこで、最後に、支援者個々人が取り組まなければならない課題について簡単に述べてみたい。

第一に、二次受傷が避けて通れない課題であるとの認識を持つ。支援団体がどれだけのお膳立てをしても、個人が認識を持たなければ何の意味もない。

第二に、支援団体が行なう研修やスーパーヴィジョンには積極的に参加する。何事においてもそうであるが、過信は禁物である。

第三に、自己の限界を理解する。自分に出来ることと出来ないことは何なのかを考えてもらいたい。たとえば、子どもが関わるトラウマ体験を扱うことができるのか。すでに述べているが、経験の有無に関わらず、子どもが巻き込まれたトラウマ体験は多くの人びとに強烈なインパクトを残す。参加しようと思っている、または参加している支援団体の対象被害者が子どもである場合、自分の限界を超えていないかどうかを冷静に見つめて欲しい。やりたいこととできることは別であるとの認識が大切である。また、幼少期のトラウマ体験を抱えている場合は、特に注意が必要である。

第四に、バランスの取れた生活を送る。何を当然のことをと思われる方が多いことを願うが、実行困難であるのも事実である。支援活動と休息とのバランスを取り、気分転換を行なう。バランスの取れた食事、充分な睡眠および遊びの時間を確保し、家族や親しい人たちとの時間を持つ。これらは自分のケアであり、被害者に対しても良いお手本、役割モデルとなるであろう。

第五に、支援団体を吟味して活動に参加するかを決断する。その際、自己の判断基準が必要になるかもしれない。たとえば、支援者をサポートできない支援団体では活動をしないことが一つの目安になるだろう。また、自分が被害者だったらその支援団体に支援を求めるだろうか。自分の身は自分で守るしかないのである。支援者を支援できない支援団体が被害者の支援をできるであろうか。答えは明らかであるように思う。

第四節　おわりに

被害者支援活動が避けて通れない課題の一つである、二次受傷について考察した。社会が被害者支援に積極的になったのは非常に喜ばしいことではあるが、その反面、環境設備が整っていないのも事実である。このように完璧には程遠い状況ではあるが、被害者支援活動が発展し、同時に支援者を加害者にしないためにも、二次受傷の知識とその予防策が広まることを希望する。この概念は被害者支援と同じくらい新しい。これからの実証的研究の成果が待たれる。

文献

第1章

（1）キューブラー・ロス『死ぬ瞬間』鈴木晶訳、読売新聞社、一九九八年。
（2）APA『DSM-Ⅳ　精神疾患の分類と診断の手引』高橋三郎、大野裕、染矢俊幸訳、医学書院、一九九五年。
（3）「障害者の雇用の促進等に関する法律」参照。
（4）エリアナ・ギル『虐待を受けた子どものプレイセラピー』西澤哲訳、誠信書房、一九九七年。
（5）ラファエル『災害の襲う時――カタストロフィの精神医学』石丸正訳、みすず書房、一九八九年。
（6）Morgan, H. J. & Janoff-Bullman, R., Positive and negative self-complexity : Patterns of adjustment following traumatic versus non-traumatic life experiences. *Journal of Social and Clinical Psychology*, Vol. 13 (No. 1), 1994.

第2章

（1）藤森和美「第一章　子どもにとってトラウマとは」『子どものトラウマと心のケア』藤森和美編、誠信書房、一九九九年。
（2）藤森和美「災害が子どもに及ぼす影響・特集心的外傷とストレス」『教育と医学』第四五巻（八）、一九九七年、四五-五三頁。
（3）小西聖子『犯罪被害者の心の傷』白水社、一九九六年。
（4）日本臨床心理士会・被害者支援専門委員会『第一回　被害者支援研修会』二〇〇〇年。
（5）津川律子「第二部　アセスメントと記録の技法」『カウンセリングの技法――臨床の知を身につける』北樹出版。
（6）American Psychiatric Association, *Quick Reference to the Diagnostic Criteria from DSM. IV.* Washington,

D.C.1994.（APA編著『DSM-IV　精神疾患の分類と診断の手引き』高橋三郎・大野裕・染矢俊幸訳、医学書院、一九九五年）
（7） Weiss, D. S. & Maemar, C. R.: The Impact of Event Scale-Revised. In Wilson, J. P., Keane T. M. (Eds.), *Assessing Psychological Trauma and PTSD*. The Guilford Press, New york, 1997. pp. 399-411.
（8） 飛鳥井望、印刷中。
（9） Ochberg, F. M., *Post-Traumatic Therapy and Victims of Violence*. Brunner/Mazel, 1998.
（10） Shogakukan, *New Random House, English-Japanese Dictionary, Second Edition*. Shogakukan, 1994, 694.
（11） Mitchell, J. T., When disaster strikes... the critical incident stress debriefing process. *Journal of the Emergency Medical Services* 8, 1983, pp. 36-39.
（12） 岡田幸之・安藤久美子・佐藤志稲子・小西聖子「PTSDに対する予防的介入心理学的デブリーフィング――その方法と効果に関する文献的研究」『精神科治療学』一三（一二）、一九九八年、一四六七-一四七四頁。
（13） 藤森和美「災害フィールドにおける臨床心理学的アプローチの実際」『心理臨床』一〇（三）、一九九七年、一五九-一六五頁。
（14） 辰巳敏夫・木村裕編集「要説　教育心理学」実務教育出版、一九八五年、一三二頁。
（15） 小西聖子、前掲書。
（16） 藤岡淳子「第五章　加害行動とトラウマ」藤森和美編、前掲書。
（17） Herman, J. L., *Trauma and Recovery*. New York: Basic Books, 1992.（J・ハーマン『心的外傷と回復』中井久夫訳、みすず書房、一九九六年）

第3章

（1） Young, M. A., Victim rights and services: A modern saga, In Lurigio, A. et al. (Eds.), *Victims of Crime second edition*. London: Sage, 1997.

（2）宮澤浩一・田口守一・高橋則夫編『犯罪被害者の研究』成文堂、一九九六年、六六頁以下。
（3）Stephen Schafer, *The Victim and His Criminal : A Study in Functional Responsibility.* New York : Random House, 1968.
（4）宮澤浩一「被害者支援の意義」宮澤浩一・国松孝次監修『犯罪被害者支援の基礎』東京法令出版、二〇〇〇年、三頁。
（5）瀬川晃「被害者支援の歩み」前掲『犯罪被害者支援の基礎』七四頁。
（6）田口守一「被害者の地位」松尾浩也・鈴木茂嗣編『刑事訴訟法を学ぶ』〔新版〕有斐閣、一九九三年、一一七頁。
（7）瀬川、前掲書、四四頁。
（8）太田達也「被害者に対する情報提供の現状と課題」『ジュリスト』一一六三号、一八頁以下、川出敏裕「犯罪被害者に対する情報提供」『現代刑事法』一〇号、一七頁以下。
（9）太田、前掲論文、一八頁。
（10）川出、前掲論文、一八頁。
（11）東京地判平成十一年五月二十七日判時一六八六号、一五六頁。
（12）太田裕之「警察における被害者対策について」『現代刑事法』一〇号、五九頁以下。
（13）八澤健三郎「被害者への情報提供とその問題点」『法律のひろば』五二巻五号、二四頁。
（14）奥村正雄「イギリスの犯罪被害者対策の現状」『産大法学』三二巻二、三号、六八頁以下。Fenwick, H., Procedural rights of victims of crime : public or private ordering of the criminal justice process ? *The Modern Law Review*, 60, 1997, pp. 317-333.
（15）Debora, P., Kelly & Edna Erez, Victim Participation in the Criminal Justice System, In Lurigio, A. et al. (Eds.), *Victims of Crime, second edition.* London : Sage, 1997.
（16）太田達也「犯罪被害者支援の国際的動向と我が国の展望」『法律のひろば』五二巻五号、四頁以下、安田貴彦

「諸外国における犯罪被害者対策の現状——アメリカを中心に」『法律のひろば』五二巻二号、四二頁以下、同「アメリカの被害者対策」『現代のエスプリ』三三六号、一八二頁以下。
(17) 法務総合研究所『平成十一年版　犯罪白書』一二頁。
(18) Miwa Kojimoto, Victimization of rape among Japanese women. paper presented at the 6th Asian Congress of Sexology, Kobe, Hyogo, Japan, 20, August 2000.
(19) 法務総合研究所、前掲書、二九一頁。
(20) 警察庁性犯罪捜査研究会編『性犯罪被害者対応ハンドブック』立花書房、一九九九年。
(21) 安田貴彦「警察における性犯罪被害者対策」宮澤浩一・国松孝次監修『犯罪被害者対策の現状』東京法令出版、二〇〇〇年、九二頁。
(22) 法務総合研究所、前掲書、二九一頁。
(23) 神田大助「犯罪被害者と検察審査会」『法律のひろば』五二巻五号、二八頁以下。
(24) Debora, P., Kelly & Edna Erez, supra note (20), at 236.
(25) Kilpatrick, D. G. & Otto, R. K., Constitutionally guaranteed participation in criminal justice proceedings for victims : Potential effects of psychological functioning, *Wayne Law Review*, 34, 1987, pp. 7-28.
(26) McLead, M., Victim Participation at Sentencing, *Criminal Law Bulletin*, 22, 1986, pp. 501-517.
(27) 法務総合研究所、前掲書、二六〇頁。
(28) 奥村正雄「被害者支援の現状と問題点」『犯罪被害者支援の基礎』東京法令出版、二〇〇〇年、二二五頁。

第4章

(1) Roberts, A. R., *Helping Crime Victims, Research, Policy and Practice*. Sage, 1990.
(2) 安田貴彦「諸外国にみる犯罪者の現状——アメリカを中心に」『法律のひろば』五二(五)、一九九九年。
(3) Roberts, A. R., *Sheltering Battered Women*. New York : Springer, 1981.

（4） 小西聖子「犯罪被害者の精神的援助について——犯罪により心的外傷を受けた被害者への援助の研究の歴史と実践」『犯罪学雑誌』六一（三）一九九五年、一〇八-一二一頁。
（5） 前川貞次郎『世界史』数研出版、一九七四年。
（6） Schafer, S., *The Victim and His Criminal*. New York : Rondom House, 1968.
（7） 岡本美紀「犯罪被害者の権利」『法律時報』七一（一〇）、一九九九年、七四-七五頁。
（8） Mueller, G. O. W. & Cooper, H. H. A., Society and the victim : Alternative responses, In Drapkin, I. & Viano, E. (Eds.), *Victimology : A new focus 2*. Lexington, MA : D. C. Heath, 1974, pp. 85-102.
（9） Crime in the United States (2000), http://local. uaa. alaska. edu/ afdsw/graphics/rateindx. gif.
（10） National Crime Victim's Rights Week (2000), http://www. ojp. usdoj. gov/ovc/pdftxt/ootxtvers. txt.
（11） 太田達也「被害者に対する情報提供の現状と課題」『ジュリスト』一一六三、一九九九年、二六頁。
（12） 同。
（13） Bureau of Justice Statistics, *Report to the Nation on Crime and Justice : The data*. Washington, D. C. : U. S. Department of Justice, 1983.
（14） Burgess, A. & Holmstrom, L., Rape : Sexual disruption and recovery, *American Journal of Orthopsychiatry* 49, 1979, pp. 658-669.
（15） Fischer, C. T. & Wertz, F. J., Empirical phenomenological analyses of being criminally victimized. In Giorgi, A., Knowles, R. & Smith, D. L. (Eds.), *Duquesne Studies in Phenomenological Psychology* Vol. 3, Pittsburgh, PA : Duquesne University Press, 1979, pp. 135-158.
（16） Frederick, C. Effects of natural vs. human-induced violence upon victims. In L. Kivens (Ed.), *Evaluation and Change : Services for Survivors*. Minneapolis, MN : Minneapolis Medical Research Foundation, 1980, pp. 71-75.
（17） Bard, M., & Sangrey, *The Crime Victim's Book*. New York : Basic Books, 1979.

(18) Symonds, M. The rape victim : Psychological patterns of response. *American Journal of Psychoanalysis*, 36, 1976, pp. 27–34.

(19) Bard, & Sangrey, D. *op. cit.*

(20) Atkeson, B. M., Calhoun, K. S., Resick, P. A. & Ellis, E. M., Victims of rape : Repeated assessment of depressive symptoms. *Journal of Consulting and Clinical Psychology* 50, 1982, pp. 96–102.

(21) Burgess, & Holmstrom, *op. cit.*

(22) Maguire, M., Impact of burglary upon victims. *British Journal of Criminology* 20 (3), 1980, pp. 161–175.

(23) Sales, E., Baum, M. & Shore, B., Victim readjustment following assault. *Journal of Social Issues* 40 (1), 1984, pp. 117–136.

(24) Symonds, M., The second injury. In Kivens, L. (Ed.), *Evaluation and Change : Services for Survivors*. Minneapolis, MN : Minneapolis Medical Research Foundation, 1980, pp. 36–38.

(25) Bard, & Sangrey, *op. cit.*

(26) Reiff, R., The invisible victim : *The Criminal Justice System's Forgotten Responsibility*. New York : Basic Books, 1979.

(27) Ryan, W., *Blaming the Victim*. New York : Vintage Books, 1971.

(28) Taylor, S. E., Wood, J. V. & Lichtman, R. R., It could be worse : Selective evaluation as a response to victimization. *Journal of Social Issues* 39 (2), 1983, pp. 19–40.

(29) Coates, D., Wortman, C. B. & Abbey, A., A reaction to victims, In Freize, I., Bar-Tal, D. & Carroll, J. S. (Eds.), *New approaches to social problems : applications of attribution theory*. San Francisco : Jossey-Bass, 1979, pp. 21–52.

(30) Weis, K. & Weis, S., Victimology and the justification of rape. In Drapkin, I. & Viano, E. (Eds.), *Victimology : A new focus, Vol. 3, Lexington, MA : Lexington Books*, 1975, pp. 3–28.

(31) Friedman, K., Bischoff, H., Davis, R. & Person, A., Samaritan Blues. *Psychology Today*, 1982, July, pp. 26–28.

(32) Skogan, W. G. & Maxfield, M. G., *Coping with Crime : Individual and Neighborhood Reactions*. Beverly Hills, CA : Sage, 1981.

(33) Tyler, T. R., Perceived control and behavioral reactions to crime. *Personality and Social Psychology Bulletin*, 7 (2), 1981, pp. 212–217.

(34) Bard, M. & Connolly, H. A., *Retrospective study of homicide adaptation (Final report)*. Rockville, MD : National Institute of Mental Health, 1982.

(35) Frieze, I. H. Perceptions of battered wives. In Frieze, I. H., Bar-Tal, D. & Carroll, J. S. (Eds.), *New approaches to social problems : Application of attribution theory*. San Francisco : Jossey-Bass, 1979, pp. 70–108.

(36) Pegelow, M. D., *Women-Bettering : Victims and Their Experiences*. Beverly Hills, CA : Sage, 1981.

(37) Walker, L. E., Battered women and learned helplessness. *Victimology*, 3, 1978, pp. 525–534.

(38) Kahn, A. S., Victims of Crime : The role of psychologists. *American Psychologist*, 40 (1), 1985, pp. 97–98.

(39) Task Force on the Victims of Crime and Violence : Final Report of the APA Task Force on the Victims of Crime and Violence. *American Psychologists*, 40, (1), 1985, pp. 107–112.

(40) Herrington, L. H. Victims of Crime. Their Plight, Our Response. *American Psychologist*, 40 (1), 1985, pp. 99–101.

(41) NOVA (2000), http://www. try-nove. org/aboutnoba. html.

(42) 柑本美和「性暴力被害女性に対するサポートネットワークに関する研究」『財団法人　東京女性財団女性研究』一九九九年。

(43) MADD Victims Services Department, http://www. madd. org/victims/default. sheml.

(44) National Highway Traffic Safety Administration, http://www. nhtsa. dot. gov/
(45) Nelson, B., Not quite so welcome any more. *Time Magazine Special Issue*, 142 (21), 1993.
(46) Young, M. A., Victim rights and services. In Davis, R. C., Lurigio, A. J. & Skogan, W. G. (Eds.), *Victims of Crime 2nd edition*. 1997, pp. 194–210.
(47) U. S. Bureau of the Census, Current population report, special studies : 65 plus in the United States. Washington, D. C. : Government Printing Office, 1996.
(48) Roberts, *op. cit.*
(49) Young, *op. cit.*
(50) Bruce, H. Y., Julian, D. F., Josef, I. R., Matthew, J. F. & Fred, D. G., Disaster Mental Health Services : A Guidebook for Clinicians and Administrators, 2000.
(51) Mitchell, J. T., *Critical Incident Stress Debriefing : CISD An Operations Manual for the Prevention of Traumatic Stress Among Emergency Service and Disaster Workers*, 1995.

第5章

(1) Schmidt, K. L., *Transforming Abuse : Nonviolent Resisitance and Recovery*. New Society Publishers, 1995, p. 126.
(2) Weeks, R. & Widom, C. S., Self-Reports of Early Childhood Victimization Among Incarcerated Adult Male Felons. *Journal of Interpersonal Violence*, 13, 1998, p. 3.
(3) Erwin, B. A., Newman, E., McMackin, R. A., Morrissey, C. & Kaloupek, D. G., PTSD, Maleviolent Environment and Criminality among Criminally Involved Male Adolescents. *Criminal Justice and Behavior*, 27, 2000, p. 2.

(4) Bazemore, G. & Umbreit, M., *Conferences, Circles, Boards and Mediations : Restorative Justice and Citizen Involvement in the Response to Youth Crime*. OJJDP, 1999.
(5) 坂上香「『加害者対被害者』を超えて」『世界』六七三号、二〇〇〇年、二五九-二七四頁。
(6) Little Hoover Commission. *Beyond Bars : Correctional Reforms to Lower Prison Costs and Reduce Crime*, January, 1998.
(7) Wexler, H. K., Melnick, G., Lowe, L. & Peters, J., Three-Year Reincarceration Outcomes for Amity In-Prison Therapeutic Community and Aftercare in California. *The Prison Journal*, 79, 1999, p. 330.
(8) Kennard, D., *An Introduction to Therapeutic Communities*. Jessica Kingsley Publishers, 1998.
(9) 武井麻子・鈴木純一『レトリートとしての精神病院』ゆみる出版、一九九八年。
(10) Yablonsky, L., *The Therapeutic Community : A Successful Approach For Treating Substance Abusers*. Florida : Gardner Press Inc., 1994. p. 9.
(11) Miller, A., *For Your Own Good*. *Farrar, Straus and Giroux*, 1983.（『魂の殺人——親は子どもに何をしたか』ミラー、山下公子訳、新曜社、一九八三年）。
(12) アービター、ナヤ「更生プログラムにおける治療共同体的アプローチ」坂上香訳『矯正講座』二二号、二〇〇一年。
(13) Briggs, F., *From Victim to Offender : How Child Sexual Abuse Victims Become Offenders*. Allen & Unwin., 1995, pp. 168-169.
(14) Moreno, J. L., *Who Shall Survive ? A New Approach to the Problem of Human Interrelations*. Nervous and Mental Diseases Publishing Co., 1934.
(15) 増野肇「サイコドラマ」『集団精神療法ハンドブック』近藤喬一・鈴木純一編、金剛出版、一九九九年、一一〇-一二〇頁。

第6章

（1）波田あい子・平川和子編『シェルター　女が暴力から逃れるために』青木書店、一九九八年、一五-一七頁。
（2）熊谷文枝『アメリカの家庭内暴力』サイエンス社、一九八三年、一三-一六頁。
（3）Walker, L. E., *The Battered Woman.* Harper & Row, 1979.（ウォーカー『バタードウーマン――虐待される妻たち』斎藤学監訳・穂積由利子訳、金剛出版、一九九七年、二七-七一頁）
（4）Herman, J. L., *Trauma and Recovery.* Basic Books, 1992.（ハーマン『心的外傷と回復』中井久夫訳、みすず書房、一九九六年、一一一-一四六頁）
（5）Jasinski, J. L. & Williams, L. M. (Eds.), *Partner Violence.* Sage Publications, 1998, p. x.
（6）Davis, M. (Ed.), *Women and Violence.* Zed Books Ltd, 1994.（デービス編、『世界の女性と暴力』鈴木研一訳、明石書房、一九九八年、二六頁）
（7）男女共同参画審議会『女性に対する暴力のない社会を目指して　答申』一九九九年。
（8）Gottman. & Jacobson, N. S., *When Men Batter Women.* 1998.（ゴットマン、ジェイコブソン『夫が妻に暴力をふるうとき』戸田律子訳、講談社、一九九九年、一七〇-一七一頁）
（9）東京都生活文化局「「女性に対する暴力」調査報告書」一九九八年。
（10）内閣総理大臣官房男女共同参画室「男女間における暴力に関する調査」二〇〇〇年。
（11）ゴッドマン、ジェイコブソン、前掲書、三七-三九頁。
（12）「夫（恋人）からの暴力」調査研究会編『ドメスティック・バイオレンス　新装版』有斐閣書、一九九八年、八四-八五頁。
（13）Kantor, G. K. & Jasinski, J. L., Dynamics and risk factors in partner violence : Jasinski, J. L. & Willams, L. M. (Ed.), *Partner Violence.* Sage Publications, 1998, p. 5.
（14）ウォーカー、前掲書、七六頁。

(15) 同、七六-七八頁。
(16) 同、二九-三〇頁。
(17) Kantor, G. K. & Jasinski, J. L. *op. cit.* p. 15.
(18) ゴットマン、ジェイコブソン、前掲書、三九-四二頁。
(19) 友田尋子・梶山寿子『ドメスティック・バイオレンス　家庭における女性と子どもの被害』財団法人女性のためのアジア平和国民基金、二〇〇〇年。
(20) Stish, S. M. & Farley, S. C., A predictive model of male spousal violence. *Journal of Family Violence*, 8 (2), 1993, pp. 183-201.
(21) O' Leary, K. D., Physical Aggression between Spouses : A Social Learning Theory Perspective. In V. B. Van Hasselt, R. L., Morrison, A. S. and Hersen, M. (Eds.), *Handbook of Family Violence*. Plenum, 1988, pp. 31-56.
(22) Kantor & Jasiinski, *op. cit.* pp. 16-19.
(23) Kaufman, K. G. & Straus, M. A., Substance abuse as a precipitant of wife abuse victimization. *American Journal of Drug and Alcohol Abuse*, 15, 1989, pp. 173-189.
(24) ゴットマン、ジェイコブソン、前掲書、二九-三〇頁。
(25) ハーマン、前掲書、一一一-一二五頁。
(26) ゴットマン、ジェイコブソン、前掲書、一一三頁。
(27) ウォーカー、前掲書、六〇-七一頁。
(28) ウォーカー、前掲書、五一-五九頁。
(29) ハーマン、前掲書、一八六-一九一頁。
(30) Houskamp, H. M. & Foy, D. W. The assessment of post-traumatic disorder in battered women. *Journal of Interpersonal Violence*, 6, 1991, pp. 367-375.

(31) Giles-Sims, J., The aftermath of partner violence. *Partner Violence*. Sage Publications, 1998, pp. 61–63.

(32) Gondolf, E. W., & Fisher, E. R., *Battered Women as Survivors : an alternative to treating learned helplessness*, Lexington Massachusetts : Lexington Books, 1988, p. 123.

(33) Dutton, M. A., *Empowerment and Healing the Battered Woman : A Model for Assessment and Intervention*. Springer, 1992.

(34) Walker, L. E., *Abused Women and Survivor theory*. American Psychological Association, 1994.

第７章

(1) van der Kolk, B., A. The complexity of adaptation to trauma : Self-regulation, stimulus discrimination, and characterological development. van der Kolk, *Traumatic Stress : The effects of overwhelming experience on mind, body, and society*. Guilford, 1996.

(2) *Ibid*. p. 203.

(3) 藤岡淳子「少年非行の心理を考える⑧」『捜査研究』二〇〇〇年、五七九号、五〇-五六頁。

(4) 法務総合研究所『犯罪白書』大蔵省印刷局、二〇〇〇年、二三〇-二三五頁。

(5) Meloy, R., *Violent attachments*. Aronson, 1992.

(6) 前掲『犯罪白書』

(7) Rafter, N. H. & Stanko, E. A., *Judge, lawyer, victim, thief : Women, gender roles, and criminal justice*. Northeastern University Press, 1982.

(8) Meloy, *op. cit*.

(9) Meloy, *op. cit*.

(10) *Ibid*.

(11) van der Kolk, *op. cit*.

（12） 藤岡淳子、前掲論文。
（13） Kelly, F., *The Assessment of Object Relations Phenomena in Adolescents : TAT and Rorschach measures*. LEA, 1997.

第8章

（1） Figley, C. R., Compassion fatigue : Toward a new understand of the costs of caring. In Figley, C. R. (Ed.), *Compassion Fatigue*. Bristol : Burner/Mazel, 1995.
（2） ジュディス・ハーマン『心的外傷と回復』中井久夫訳、みすず書房、一九九六年。
（3） Munroe, James, F., Ethical issues associated with secondary trauma in therapists. In B. Hudnall Stamm (Ed.), *Secondary Traumatic Stress*. Sidran : Maryland, 1999. p. 211
（4） Pearlman, L. A. & Saakvitne, K. W., *Trauma and the Therapist*. New York : W. & W. Norton, 1995.
（5） McCann, I. L. & Pearlman, L. A., Vicarious traumatization : A framework for understanding the psychological effects of working with victims. *Journal of Traumatic Stress* 1 (1), 1990, pp. 131-149.
（6） ハーマン、前掲書。
（7） Figley, C. R., Compassion fatigue as secondary traumatic stress disorder : An Overview. In Figley, C. R. (Ed.), *Compassion Fatigue*. Bristol : Brunner/Mazel, 1995.
（8） Danieli, Y., Countertransfenrece, trauma, and training. In Wilson, J. P. & Lindy, J. D. (Eds.), *Countertransference in the treatment of PTSD*. New York : Guilford Press, 1994.
（9） William's, M. B. & Sommer, J. E. Jr., Self-care and the vulnerable therapist. In Stamm (Ed.), *op. cit.*, p. 230.
（10） 黒川昭登『スーパーヴィジョンの理論と実際』岩崎学術出版社、一九九二年。
（11） Figley, *op. cit.*

(12) Saakvitne, K. W. & Pearlman, L. A., *Transforming the Pain*. New York : W & W Norton, 1996.
(13) *Ibid*.
(14) Kassam-Adams, N., The risks of treating sexual trauma : Stress and secondary trauma in psychotherapists, In Stamm, (Ed.), *op. cit*., p. 37.
(15) *Ibid*.
(16) Figley, *op. cit*.
(17) Pearlman, & Saakvitne, *op. cit*.
(18) Munroe, J. F., 1999.
(19) ハーマン，前掲書。
(20) Doehr, E., Inside the false memory movement. *Treating Abuse Today,* 4 (6), 1994, pp. 5–12.
(21) AAP I June 19, 2000.
(22) Catherall, D. R., Coping with secondary traumatic stress : The importance of the therapist's professional peer group,. In Stamm, (Ed.), *op. cit*. p. 80.
(23) *Ibid*.
(24) Lindy, J. D. & Wilson, J. P., Empathic strain and countertransference roles : case illustrations. In Wilson, J. P. & Lindy, J. D. (Eds.), *Countertransference in the Treatment of PTSD*. New York : Guilford Press, 1994.
(25) McCammon, S. L., Painful pedagogy : Teaching about trauma in academic and training settings. In Stamm, (Ed.), *op. cit*., p. 105.
(26) Saakvitne, & Pearlman, *op. cit*.

おわりに

被害者支援に関する情報が、心理的支援を行なう専門家やそのほかの支援を提供する人びとにもっと必要だと思いたち、この本を世に送り出そうと考えた。企画からの時間を含めると出版までに、一年以上の時間が流れたことになる。

マスメディアでは被害者支援を大きく取り上げるようになってきており、心理臨床の専門家の間でも「被害者支援」が、専門性を帯びてその役割を確立しつつある。たしかにやっと、被害者相談が社会的な運動として芽吹き始めたと言えるだろう。

ところが、実際に蓋をあけてみると、臨床現場の心理専門家や精神科医は一部の専門家を除くと、被害者の心情や症状、ＰＴＳＤ（外傷後ストレス障害）について残念ながらまだ十分な知識を持っていない。そのため、工夫され配慮のある専門的な心理療法や治療が、それらを必要とする被害者に提供されていないのも事実なのである。

さらに眼を凝らすと、被害者の孤立した状況やつらい精神状態は、社会の論調ほど大きく変化していないと気づかされる。被害者を包む深く暗い海の底に果てしなく沈み込んでいくような抑うつ感、不眠や食欲不振、フラッシュバック、感情の麻痺、引きこもり、コントロールできない怒りなどは簡単には消えない。記憶に刻まれた苦痛と回復への諦めの気持ちの間を往復し、ただただ疲弊していく姿を目の当たりにすると、どのような形でもよいから「一人で抱え込まないで欲しい」というメッセージを届けたいと考えた。

社会的に被害者支援が強く求められるなかで、私自身もこの活動が抱える難しい問題の数々にぶつかった。そして被害者に対する情報不足や無理解、誤解があまりに多い現実を知り、苦しんだのである。そこには、支援者と被害者、その関係者らが、それぞれの立場で悩む姿もあった。

しかし、悩んでいるだけでは解決はしない。私たちが育ってきた社会が持ついくつかのタブーや偏見を直視しないで支援を行なうことは非常に危険だ。何より支援者は被害者より先に、まずはこのタブーや偏見から解放されなければならない。

日々の臨床現場は待ったなしで、強姦の被害、ドメスティック・バイオレンスの被害、職場でのセクシャル・ハラスメント被害、アカデミック・ハラスメント被害、デートレイプから妊娠・中絶というような深刻な被害者相談が一気に増えた。この現象は虐待の報告件数と同じで、事件が増えたのではなく、被害者や周囲の反応が敏感になったからだと、私自身は捉えている。なぜなら、相談に来る人のなかにはずっと昔に被害に遭いながら、誰にも相談できず苦しんでいた被害者もいたからだ。

「被害者」というラベルを貼られることへの抵抗は、何より被害者自身が強く感じていたのである。今まで実践してきたトラウマ体験者への心理的危機介入、たとえば事故や自然災害の被災者や犯罪被害者への支援活動で身につけた知識や経験は、広い意味で日常の臨床活動に役立った。その逆もあった。日々の臨床経験が被害者支援に役立ったこともある。ときには、心理的な支援だけでは済まなくなり、法律的な理解や支援、身柄の安全を保つシェルターの受け入れなど、他分野との連携も求められる。

全八章からなる本書は、その連携という意味も含めて幅広い分野の執筆者に担当していただいた。全体の仕上がりを見ると、被害者支援に携わる人のための基礎的な教育にも有効だと考えている。また被害者の周囲の方にも、専門的支援ばかりが支援ではないことを知っていただき、被害者の理解のために参考にしていただければと願っている。

第一章「被害からの回復過程——ある被害者の経験から」は、笹川真紀子氏の担当である。被害者が受ける心の傷と実際の身体の外傷からの壮絶な回復過程が、実に綿密に記述されている。これを読むことで、回復の過程で被害者が追い込まれてしまう安定感を欠く人間関係の有り様には、きちんとした理由があるのだとわかる。被害者が時に「良い患者」になるということは、子どもがトラウマ体験後に「おとなしくて良い子への変身」を見せる姿に共通していると思え、見逃してしまいそうな被害者の複雑な胸中を知らせてくれた。たとえ大人でも被害を体験すると、子どもと同じような心情になるのだと。

第二章「被害者感情の理解と対応」は私が執筆した。私は、被害者に直接にカウンセリングをするだけでなく、被害者相談を担当する支援者の教育の仕事をしばしば担当する。警察官や学校教員、支援者団体のスタッフ、心理専門家など、その背景はいろいろである。そこで経験するのは、被害者に対する思いこみやイメージなどが、悪い意味で被害者支援を妨げているということだ。被害者が受けやすい誤解は、被害者支援の障壁になる。被害者を特別な枠組みで囲い込むことで、支援者が支援しやすくしてしまうのではなく、被害者が率直に自己開示できる環境をまず作ることの大切さをポイントとして提示した。支援者の本質的な価値観を振り返るチャンスとして読んでもらえたら幸いだ。

第三章「わが国の犯罪被害者保護に関する法的支援の現状」は柑本美和氏で、法律の分野から犯罪被害者支援の最近の動向について具体的に記述してもらった。ここでは、犯罪の被害者が、被害後に刑事手続きや裁判でどのような手続きを経るか、どのような権利が守られるかを示してくれた。被害者支援は、心理的支援のみではない。さまざまな支援を必要とすることが、この段階をみるとよくわかる。執筆段階で法律が変わろうとしていたので、それを待ち、最新の情報を提供しようと努力してくれた熱意に敬意を払いたい。

第四章「米国における被害者援助の歴史と現況」は、米国において被害者支援の研究を行なった石井朝子氏が執筆した。被害者支援の原点は米国にあり、その歴史的背景と現況を知ることは、日本での被害者支援のやがて歩むであろう姿を予想させてくれる。しかし、それにしても米国の支援組織の多さと援助プログラムの多彩さには驚嘆する。特に、代表的な組織、全米被害者支援援助機構（NOVA）の活動内容は、石井氏の指摘のように全部が日本で適用はできないかもしれないが、かなり有用であると思われる。エネルギーを惜しまず実に多くの論文をレビューしてくれているので、これも支援の現場で参考にすると良いだろう。

第五章「被害と加害の連鎖を断ち切るために――治療共同体〈アミティ〉の試みから」では、坂上香氏が米国アリゾナ州の犯罪者の社会復帰施設「アミティ」の取り組みを紹介してくれる。加害者の支援が被害者支援となるという視点は、日本での被害者支援に影響を及ぼすと思われる。坂上氏自身がアミティにテレビ番組のディレクターとして濃厚な取材を重ねているため、加害者の「剝奪された子ども時代」に対する視点が、慎重な表現のなかにも非常に鋭い。加害者が昔、虐待やドメスティック・バイオレンスの被害者であったという体験は知られているところだ。加害者が、自分の問題行動に目を向け、自らの被害体験を受けとめるのは厳しい課題だが、これを抜きにして真の回復は遂げられない気がする。

第六章「ドメスティック・バイオレンスの被害者の心理とその支援」は、中島聡美氏がドメスティック・バイオレンスの被害者の事例を示し、その構造を丁寧に示してくれた。ドメスティック・バイオレンスからの脱却がいかに難しいかは、支援を体験した人なら皆共感するだろう。「あれほどひどい暴力を受けながら、なぜ抜け出せないのか」と周囲は感じると思うが、被害者の多くは「あれほど」をどのように感じていいのかわからないのである。恋人、夫婦の関係において、何が対等な関係かを見つめなおすためにも、この章はいくつものヒントを与えてくれる。貴重な個人的体験を話してくださったドメスティック・バイオレンスの被害の当事者であるAさんの、暗いトンネルから抜け出た晴れ晴れとした印象が何よりの救いであった。

第七章「女性犯罪者の被害と加害――殺人者を中心に」では、長年の矯正臨床歴を持つ藤岡淳子氏が、女性犯罪者の被害事実という、実に興味深い視点で切り込んでくれた。女性の殺人者という非常に稀有に感じられる一群と思われる人びと、しかしその人たちは当初から殺人者であったわけではない。実は、ほとんどの女性の殺人犯が「感情性誘発殺人」であり、加害者が自らを被害者とみなし、現実の被害者を加害者と感じている逆転が生じているそうだ。被害者の行動が意図せず加害者の無意識的葛藤にはまり、暴力の引き金を引かせる、だがそれは被害者そのものでなく「被害者が生じさせたイメージ」であるという説明は回復への糸口だと感じた。愛着の問題は、何も特別な人のみが抱えるとは思わない。不安定な愛着が、人間の心をどこまで激しく追い込むかを徹底的に知ると、その再構築（育て直し）がいかに重要かを突きつけられた気がする。

第八章「二次受傷から身を守るために――支援者の傷つきを考える」では、大澤智子氏が支援者の傷つきの問題に焦点を当ててくれた。被害者支援では、避けては通れない深刻なテーマである。大澤氏は、冒頭で述べているルワンダ派遣の体験、その前には阪神・淡路大震災の被災者支援、被雇用者支援プログラム（EAP）におけるディブリーフィング、スクールカウンセラーの学校への危機介入など豊富な実践経験を持っている。まだ被害者の支援の何をどう始めるかが模索されているなかではあるが、そこで同時に熟考されるべき支援者の二次受傷の問題がある。支援者が安全を感じられない場合、その支援が有効であるわけがない。支援組織団体が個人を守る機能を果たすためにも、どれも貴重な情報である。

以上、本書の執筆者八名全員が、女性であることに気づかれただろうか。

加えて、序文を頂戴した被害者支援の第一人者として活躍中の小西聖子氏（武蔵野女子大学教授）も女性である。小西氏が東京で被害者支援活動を始めた少し後を追って、私は北海道南西沖地震の被災者支援を行なっていた。当時、東京から函館に連絡をくださった。しかし、小西氏との直接の出会いは一九九五年の阪神・淡路大震災まで遅れる。被災者の支援活動とPTSDの研究が共通のテーマとなった。そして一九九七年、米国のパルアルトにあるPTSDセンターへPTSDの理解とケアのための研修に、小西氏が中心となった心理臨床家や精神科医たちのグループが参加した。メンバーのなかには、本書の執筆者である中島氏、藤岡氏、大澤氏、そして私も含まれていた。不思議な縁だが、皆、魅力的でパワフルな仲間である。このような仲間がいるからこそ、むずかしい被害者支援を続けてこられたといっても過言ではない。

そして、編集者の松山由理子氏も女性である。前著『子どものトラウマと心のケア』に引き続いてお世話になっており、被害者支援のテーマにも当初から関心を持ち、この企画を熱心に推進してくれた理解者で心強い存在であった。執筆者一同になりかわりお礼を申しあげたい。

本著は、被害者支援という新たな領域の実践者で実力のある素晴らしい女性たちに支えられて、できあがったと言えるだろう。

最後に、多忙を極めるなかで温かい励ましの序文を書いてくださった小西聖子氏に、感謝の意を表したい。そして、今後も、困難に負けることなく多様で柔軟な被害者支援の道が開かれることを願ってやまない。

二〇〇一年六月

藤森和美

中島　聡美（なかじま　さとみ）【第 6 章】

1989年　筑波大学医学専門学群卒業
1993年　筑波大学大学院医学研究科環境生態系専攻博士課程修了
現　在　常磐大学コミュニティ振興学部　助教授
共著書　『登校拒否のすべて　第一部　理論編』第一法規出版，1996年。『トラウマから回復するために』講談社，1999年。『講座被害支援 4　被害者学と被害者心理』東京法令出版，近刊。

藤岡　淳子（ふじおか　じゅんこ）【第 7 章】

1981年　上智大学大学院文学専攻修士課程修了
1988年　南イリノイ大学院社会学専攻修士課程修了
現　在　大阪大学大学院人間科学研究科教授
著訳書　J. エクスナー『エクスナー法によるロールシャッハ解釈の基礎』（共訳）岩崎学術出版社，1994年。『非行臨床の実践』（共著）金剛出版社，1998年。『非行少年の加害と被害――非行心理臨床の現場から』誠信書房，2001年。『包括システムによるロールシャッハ臨床』誠信書房，2004年，ほか。

大澤智子（おおさわ　ともこ）【第 8 章】

1989年　リッチモンド大学心理学部卒業
1993年　リージェント大学大学院カウンセリング心理学科修士課程修了
現　在　インターナショナルカウンセリングセンター室長
共著書　『子どもとトラウマ・学校の役割――災害のあと，子どもたちを援助するために』朝日新聞厚生文化事業団，1998年。『子どものトラウマと心のケア』誠信書房，1999年

執筆者紹介

笹川　真紀子（ささがわ　まきこ）【第1章】

1999年　筑波大学大学院修士課程修了
現　在　武蔵野女子大学心理臨床センター相談員

藤森　和美（ふじもり　かずみ）【第2章】

奥付参照

柑本　美和（こうじもと　みわ）【第3章】

1991年　上智大学法学部卒業
1995年　英国ウェールズ大学大学院修士課程修了
現　在　東京学芸大学講師（非常勤）
共著書　『児童虐待とその対策』多賀出版，1998年

石井　朝子（いしい　ともこ）【第4章】

1999年　南カリフォルニア大学大学院（Dep. California ims, human science, clinical psychology）博士課程修了
現　在　東京都精神医学総合研究所研究員
著　書　『家庭における暴力――暴力被害者への援助』慶応義塾大学出版会，2000年.『人がトラウマを負った時――何が起きてくるか。回復のために何ができるか』へるす出版，1999年

坂上　香（さかがみ　かおり）【第5章】

1991年　ピッツバーグ大学大学院修士課程修了
現　在　ＴＶ番組ディレクター
著　書　『癒しと和解への旅――犯罪被害者と死刑囚の家族たち』岩波書店，1999年.
映像作品　『閉ざされた魂の叫び――アリス・ミラーが解く子どもの時代』ＮＨＫ　衛星第一，1996年,『少年が被害者と向きあうとき――米・更生への新たな取り組み』ＮＨＫ衛星第一，1999年

編者紹介

藤森和美（ふじもりかずみ）

1979年　日本大学文理学部心理学科卒業
1998年　日本応用心理学会「奨励賞」受賞
2001年　筑波大学教育研究科カウンセリング専攻修士課程修了
現　在　聖マリアンナ医学研究所副所長。大阪教育大学学校危機メンタルサポートセンター客員教授
共著書　『子どものトラウマと心のケア』誠信書房，1999年。『悲嘆の心理』サイエンス社，1997年。『心のケアと災害心理学』芸文社，1995年。『こころの日曜日３』法研，1995年。『経営心理学トピックス100』誠信書房，1995年。『教育心理学セミナー』福村出版，1988年。『青年心理学セミナー』福村出版，1988年。

被害者のトラウマとその支援

2001年６月30日　第１刷発行
2005年２月10日　第３刷発行

編　　者　藤　森　和　美
発 行 者　柴　田　淑　子
印 刷 者　井　川　高　博

発 行 所　株式会社　誠　信　書　房
〒112-0012　東京都文京区大塚３-20-６
電話　03（3946）5666
http://www.seishinshobo.co.jp/

末広印刷　　協栄製本　　落丁・乱丁本はお取り替えいたします

ISBN 4-414-40352-9 C1011